U0052968

育的推廣工作。 我們衷心盼望，關注現代化佛學研究
中國佛教未來發展的讀者與學者共同支持並協助本叢
而完成。

傅偉勳、楊惠南

現代佛學叢書

達摩廓然

傅偉勳・楊惠南主編／東大圖書公司

鄺家駿著

國立中央圖書館出版品預行編目資料

達摩廓然／郗家駿著.--初版.--臺北
市：東大發行：三民總經銷，民84
面；　公分.--(現代佛學叢書)
ISBN 957-19-1834-2 (精裝)
ISBN 957-19-1835-0 (平裝)

1.禪宗

226.6　　　　　　　　　　84006619

ⓒ 達　摩　廓　然

著作人　郗家駿
發行人　劉仲文
著作財
產權人　東大圖書股份有限公司
　　　　臺北市復興北路三八六號
發行所　東大圖書股份有限公司
　　　　地　址／臺北市復興北路三八六號
　　　　郵　撥／〇一〇七一七五──〇號
印刷所　東大圖書股份有限公司
總經銷　三民書局股份有限公司
門市部　復北店／臺北市復興北路三八六號
　　　　重南店／臺北市重慶南路一段六十一號
初　版　中華民國八十四年九月
編　號　E 22038
基本定價　叁元貳角
行政院新聞局登記證局版臺業字第〇一九七號

教
與
書的

《現代佛學叢

　　本叢書因東大圖書公
偉勳與惠南共同主編，負
籌劃旨趣，是在現代化
的普及化，以及現代
書所收各書，可供一
教研究所，以及各
蒙性的基本佛學

　　本叢書分爲
識、現代佛教、
讀者與佛教信
而有風趣，
較具學術性
構或佛教
第二類
論、專
佛學
論

自　序

　　本書體例，先以白話簡譯公案内容，再予解析。簡譯多採意譯方式，未必逐字對譯。解析則正反互用，甚至多方引用西藏密宗概念，或經論文字，都是希望藉之能令讀友有一全盤了解，唯引文有時或顯冗長，合先敘明。

　　近年流行之打禪七，從未參加過，本身也欠缺禪門實修經驗，更談不上有任何證量，今竟率爾爲文探討禪師高度心靈交會之禪宗公案，未免膽大妄爲自不量力，因之錯譯誤解必多，尚祈大德君子不吝教正。

　　這本不成氣候的小書，卒以出版，要完全感謝法光佛研所楊惠南教授給予機會，楊教授學養精湛，筆者受教期間獲益良多。此外，在筆者多年摸索佛學期間，要至誠感謝已示寂歐陽無畏喇嘛生前諸多教誨；暨老長官高處長宜達先生多年來給予的方便及支持。本書原稿承同事簡漢鵬君及姪女郗卉電腦打字，内子靜秋女士綜理助校，併此申謝。

　　又，本書如能對世道人心有一點小小的正面作用，那倒是筆者最大的奢望了！

郗家駿　謹識

脱稿於八十三年十一月六日

達摩廓然

目　次

一‧達摩廓然

帝問曰：「朕即位已來，造寺寫經度僧不可勝紀，有何功德？」

師曰：「並無功德。」

帝曰：「何以無功德？」

師曰：「此但人天小果，有漏之因，如影隨形，雖有非實。」

帝曰：「如何是真功德？」

答曰：「淨智妙圓，體自空寂，如是功德，不以世求。」

帝又問：「如何是聖諦第一義？」

師曰：「廓然無聖。」

帝曰：「對朕者誰？」

師曰：「不識。」

白話簡譯：

　　梁武帝問達摩：「我自就帝位以來，建造寺廟，印製

經典及剃度出家僧眾的數目，幾乎到了難以勝記的地步，請問大師，像我這樣子的替佛教作事，到底有什麼功德？」

達摩答：「並沒有甚麼功德啊！」

梁武帝又問：「爲甚麼沒有功德呢？」

達摩解說：「皇上，您的善行祇是在將來可以獲再世爲人爲天的小小的果報，祇是有若如影隨形般有漏失的善因罷了，就算是有些果報，也不是眞實不虛、永恒不變的。」

梁武帝問：「那麼，依你之說，要如何的境地，才算是眞實、眞正的功德呢？」

達摩答：「美妙圓融的清淨智慧，空空明明、杳杳寂寂的本性，像這樣子的功德，不是以世俗的心性去求得的，才是眞正的功德。」

梁武帝聽罷，又問：「怎麼才是至高眞理中最首要的理念呢？」

達摩答：「廣大、清明、虛寂的連至高眞理也不存在了。」

梁武帝問：「那麼，照您這麼說，現在與我對面論道的是誰呢？」

達摩答：「不認識。」

一般佛教徒，見著這層公案，往往把個達摩老祖看得比天還高，認爲不愧是東土禪宗初祖，而對功利掛帥的梁武帝，卻嗤之以鼻，以爲他不配作大乘佛教中的表

率，難登佛室，祇堪作個蓋蓋廟子、捧捧僧衆、自以爲是的昏王。其實，不然不然，梁武帝既不是三脚貓，也不是軟脚蝦，中國歷史上難見有如此深入佛典，利用宗教遂行政術之君王，把他當成禪門阿斗，豈非太過矣！

隨便拈取一部大乘佛教典籍，或多或少有所提及「無相布施，量等虛空」的理念，簡言之，即做任何善行善事，不要執著有「我」這麼一個人；執著做了某件「善事」；執著有一個「對象」得到了「我」的「施捨」。如果能夠對「我」、「善行」、「對象」不摻上任何的執著（更不要說洋洋自炫其德了）的話，那麼，這種布施，就是無相布施，不但布施的質、量遍佈，如同無邊無際的虛空一樣的廣大，就是所得的福德也是如同虛空般的廣大，這些道理，難道泡在佛典中數十載的梁武帝會不懂得嗎?!

禪門寶典《六祖壇經》中，六祖對於梁武帝，也沒什麼好言語。所依仍係這宗公案前半折，《壇經》是這樣記載的:「(韋)公曰:『弟子聞達摩初化梁武帝，帝問云:「朕一生造寺度僧，布施設齋，有何功德?」達摩言:「實無功德。」弟子未達此理，願和尙爲說。』師曰:『實無功德。勿疑先聖之言！武帝心邪，不知正法；造寺度僧，布施設齋，名爲求福，不可將福便爲功德。功德在法身中，不在修福。』師又曰:『見性是功，平等是德；念念無滯，常見本性，眞實妙用，名爲功德。內心謙下是功，外行於禮是德；自性建立萬法是功，心體離念是

德；不離自性是功，應用無染是德。若覓功德法身，但依此作，是眞功德。若修功德之人，心即不輕，常行普敬。心常輕人，吾我不斷，即自無功；自性虛妄不實，即自無德；爲吾我自大，常輕一切故。善知識！念念無間是功，心行平直是德；自修性是功，自修身是德。善知識！功德須自性內見，不是布施供養之所求也。是以福德與功德別。武帝不識眞理，非我祖師有過。』」達摩無過，武帝心邪，不識眞理，錯認福報便爲福德，唯，其然，豈其然乎?!

學禪，貴乎生疑，蓋大疑之餘，一旦豁然，必有大悟境地，最忌人云亦云，作跟屁蟲，自家靈性，縮成一堆，躲在烏龜殼內，久而不聞其臭，反倒一搖三晃、半瓶酸醋，愈發顯得不長進、沒主見。再者，言爲心聲，因人而異，上引六祖慧能開示韋公的話，在彼師弟之間，啓疑導聖，堪稱恰當，但若不明就裏，胡拈亂引，恐怕就引諭失義誤良爲奸矣。

但是，這宗公案裏頭，到底流出什麼消息?

設若，梁武帝也是個解人，一見到登峰造極的一代宗師達摩，那敢掉以輕心，直直截截的遞了一個燙手山芋給老禪師問「朕即位已來，造寺寫經度僧不可勝紀，有何功德?」答案果爲標準答案，早落在武帝算計之中，蓋若稱「有功德」，豈不與釋迦老佛、三藏十二部爲敵了，蓋不達眞理，在自性內見，功德在法身中，不是世俗上的修福可得。武帝心中暗自喝采，卻再問「何以無功德?」

自也是標準答案，此時，深沈不露的梁武帝，悄悄的又射了一記無影箭，考考禪師的真功夫，問道：「如何是真功德？」好個達摩，當下還了一手翻天印，慢吞吞的說：「淨智妙圓，體自空寂，如是功德，不以世求。」套句六祖的話，就是指真功德，武帝卻也未必全然折服，你達摩老兒，不過花了幾滴口水來講述文字、語言、善行等等世俗作為「求」不到「真功德」，在你說得天花亂墜，但這種產生真功德的「聖諦第一義」到底是個啥？拜託老禪師開示開示，寡人有疑，洗耳恭聽，達摩退無可退，讓無可讓，當下莊嚴的道出四字「廓然無聖」，是啊，至高最上的真理的境界其實就是一種廣大，一股清明，一片虛寂，那裏還有閒空間容得下「聖諦第一義」，待達摩老禪當下表出自家真正的見地後，武帝非但不擊節三嘆達摩是真禪者，好個不卑不亢，語語見的的練家子，卻猶心狠手辣，務必趕盡殺絕，千鈞一擊的問道：「既是廣大、清明、虛寂，那麼現在對著我皇帝老子說玄論道的這位，又是誰呢？」「不識」，春風陌路人，拂面何必相識，俗話說話不投機半句多，其實話最投機，半句亦多。達摩老祖與梁武帝的一場相會，直如春風撲面拂動楊柳，風過人杳，楊柳已垂，不識不識，何來春風?!

　　這宗公案，乍看達摩高明，再看武帝深沈，叁看祇覺雙方旗鼓相當，稱得上平分秋色。達摩是否因知帝京已有能人，方自悄然一葦渡江，另闢天地；武帝仗著帝威，對口又佔著機先，是否因而判其略遜達摩半籌，究

竟《六祖壇經》的經證，當不當得眞，這些，應當付諸春風手，權作個無憂夢裏人！

　　蓋棺豈可論定，盡信書不如無書。在人云亦云的當頭，朋友，您能慧眼獨具，透闢的深入事物的核心嗎？

二・種地博飯

漳州羅漢院地藏桂琛禪師問:「甚麼處來?」

曰:「南方來。」

師曰:「南方佛法如何?」

曰:「商量浩浩地。」

師曰:「爭似我者裏種田博飯吃?」

曰:「爭奈三界何?」

師曰:「喚甚麼作三界?」

白話簡譯:

　　地藏院的桂琛禪師問新進院的僧人:「你是由那裏來的?」

　　僧人答:「我是由南方來的。」

　　桂琛禪師問:「南方佛法的情況怎麼樣啊?」

　　僧人答:「大家一塊兒研究討論,很是興旺。」

　　桂琛禪師:「還不如我這裏下田耕作,自食其力混一碗飯吃呢?」

僧人反問：「這樣混世也罷，但佛法是講究出離三界的，這樣子怎麼對付三界、出離三界？」

桂琛禪師：「你把甚麼叫三界？」

佛法無邊，不分南方北方，亦不在學者眾寡。北地貧瘠，猶有良木，南方氣旺，未必人傑。南方佛法「商量浩浩地」，熱鬧已足，實踐則未必。桂琛禪師主張實修實證，自然不屑南方紙上談玄、嘴裏論道的口頭禪，藉著僧人的答話，明白的說出自家實踐主義的立場：「種田博飯」，一日不作，一日不食，種得青青心田秧苗，日後定得金黃黃果穗。蓋成佛作祖，明心見性，不是靠光搞理論，對口辯論，拿邏輯義理扣人即可，要八字著腳，寒澈澈，熱熬熬，待火苗子純青，再向上一沖，不沖出個祖師，也燒出半個羅漢。

無奈，來僧質鈍，不了桂琛禪師話中密義，傻乎乎的想：「饞當廚子，懶出家」「照桂琛老師父所說，每天裏靠兩畝田混口飯吃，也不賴。」但「……學習佛法，修持禪道，就是要講究出離三界的，像這樣做一天和尚撞一天鐘，混吃等死，不是仍然混在三界中，還談甚麼修行出離？」於是乎就楞兮兮的問：「爭奈三界何？」你老禪師的廟子雖破，氣焰還是挺盛的，真是輸人不輸陣，揶揄南方佛法丫丫烏，那你這裏，每天耕田鋤地，像個農奴，就會開悟，出離三界，作個自在人?!我問您老禪師，這個結如何解開？

好個桂琛禪師，當下反將一軍：「喚甚麼作三界？」本來無縛，何必求解，但離妄緣。即如如佛，十方三界，莫非淨土，心香一炷，四方普聞。你癡僧想求出離三界，反而礙手礙腳，專門找特效藥，如同南方佛法拼命往腦子裏灌抗生素，殊不知用藥過量，反成毒藥，兼以藥不對症，也是枉然。若是K藥太深，反造成智障，恐怕難以還魂。佛教禪門中大加撻伐的知解之徒，就是如此。而桂琛簡簡單單提出親近大地，接觸自然，身體力行的口號，即乎三界，亦離乎三界，讓一己盡量感觸如母大地，肩負萬物毫不怨尤的胸襟，體驗青葱日綠，萬物無限的生機，空氣中彌漫的不是「商量浩浩」的機辯智巧，而是活潑潑的鳥叫蟲鳴，日炙風吹，汗流自乾的與大地一體，與天地同根的天然機神，心如畫工師，心若純淨無垢，如同白蓮花，請問你僧人老哥：「喚甚麼作三界？」

民國初期法相唯識大師歐陽竟無大師，天真純厚，中年發憤專力佛學，堪稱法相唯識、般若慧學大師，晚年更融通儒佛，學問毅力皆非常人所可比擬。曾創江津內學院，有一晚，大風雨至，歐陽大師翌晨即親自引領院工整理院內庭園，理畢經過院屋前，見到一位弟子正襟危坐大讀《莊子》一書，大師當下出示自己一雙泥手，直截了當的說：「爾讀《莊子》耶？我讀《莊子》耶？」又說：「書生不經事，國亡無疑，技經肯綮之未嘗，非莊生勇猛應世之真精神乎？」(詳請參閱《歐陽大師遺集》，新文豐出版公司)誠然是語，書生空談，不知事事磨鍊，

非眞正讀書。同理，泛言佛理，不實地操履，非眞佛理。耕田博飯，不過舉其一端，必也事事親自經歷一回，才得如人飲水，冷暖自知，才得入三界，而不爲三界惑，出三界，不自詡其出，出入一如，本在一心，而此心性的修持，捨我其誰，桂琛禪師的見地，僧人未必了解，這重公案，倒希望有心人用心讀一讀。

俗話說：「馬杓的蒼蠅混飯吃！」切莫存輕視之心，世上各行各業，各有各的混飯門道，您說是嗎？!

三·虛圓體用

惠光問曰:「海闊天涯，本無一物，諸佛體用，不一不異，若隨緣不變，立何爲體？不變隨緣，立何爲用？體用本一，立何爲宗？」

雲公即向虛中畫一圓相曰:「立這個爲體，立這個爲用，立體用圓融爲宗。」

白話簡譯:

惠光禪師問:「海闊天涯間，本來就是沒有任何一物的。諸佛的本體及變化，不是絕對相同或相異的。若是隨順著因緣而不變，以甚麼立爲本體？若是不變而隨順著因緣，又是立甚麼爲變化？其實本體與變化，本來就是一個東西，那又以甚麼作爲住心處事的所在？」

虛雲大師當時即刻用手在空中畫了一個圓相說:「立『這個』爲本體，立『這個』爲變化，立體用圓融爲住心處事所在。」

本層公案，兩個民國時期和尚，一問一答，皆古意盎然，有如重返唐、宋，唯，年輕的問體問用，老的卻答即體即用，真真令人難解，直如墮入虛雲大師無邊無際之虛空大圓相中，欲出無門，莫辨東西。

惠光禪師者，近代禪門健將，密宗亦有所專，專修藏密大白傘蓋佛母。因此，問話全無贅語，較舌燦密語，心蘊密意，尤更上一層；隨緣不變與不變隨緣，體用既然本一，是則請教老和尚際此即體即用、即用即體的當下，吾人之本心卻該當如何？快哉！惠光大師慧語如劍，早早斬碎閒雲野鶴，何處留鴻？任你虛老名遍全國，近代禪門第一，亦薦不得半字隻語，蓋體用真旨，只得意會，那堪言傳。唯，虛雲老禪，自四十六歲得道，腳踏須彌，頭頂虛空，早已透體入用，鍊神還虛，因此，他老人家當下不慌不忙，順手把空圓相畫出，口中喃喃有辭，卻是「說到體、用，及如何體用一體，就要把我手畫空圓，所密顯的圓融無滯，作為已知諸佛體用，而隨緣不變時的心性本體；而當不變隨緣的時候，則要把握不變的本性心體，循著圓融無滯來發揮作用；但是，你我都知道，其實體、用本來即是指對於心性的至高了悟及表達，所以還是要以圓融無滯的理念來掌握。」虛老一席言，剎時令虛空驟變，體用互位萬相森羅，森羅而萬相，圓相現空，如月印潭，所現雖幻，卻恒存至理；本心留處，即是體用一體，圓融體用矣。「惠光上座，你應該時時刻刻，以圓融一切而又自在無礙為住心處事的所

在啊!」

其實，惠光禪師的問話本身即是答案，心靈導師克里希那穆提大師經常提到「一個好的問題，本身即是答案」，他認為「……如果能以煥然一新的心智面對一個問題，問題的本身就能生出答案」，惠光大師先說的「海闊天涯，本無一物，諸佛體用，不一不異」實際上即是「若隨緣不變，立何為體？不變隨緣，立何為用？體用本一，立何為宗？」的標準答案。惠光巧慧設二道機關來夾殺虛老，蓋虛老若答案一字不差，豈不落下抄襲、執著之名，若答案不同，又落修為不及惠光陷阱。但如上段所述，虛老沒那麼白癡，不愧是眾人景仰之近代宗師，看破了惠光的禪機，蓋虛老非但曉得體即用，用即體，更曉得現象界的一切，本來就是因緣（各種條件）暫時湊合的，沒有任何事物是真實永恒存在的。而已實悟宇宙真理的諸佛，對自己心性本體及作用，是處在一種既不絕對相同及相異的中道認持上，因而，虛老飛躍了惠光的二重關卡，而妙用了更高明的方式——以手畫空圓，來表達出相同之答案，自然，答案仍然是當體即空，宛然作用的。

當虛雲大師手但畫圓，俉然大空，絲毫無痕，即畫即消，即消即畫；當體即用，當用即體；世事萬象，本來圓融，如過眼圓跡，無始無終，而鑑諸西藏密宗大成就者謝爾孫哈尊者，以忿怒印指示：「隨起無著隨起無所著，不無起、無起起、起起無著。起盡同時起盡同時也。」

亦是表示外境內心，本無差別，同體一味矣。虛雲大師的空圓手，抓挭住惠光法師七寸要害，恰如謝爾孫哈尊者的忿怒手印，粉碎虛空，體現萬有。我們中華民族自滿清慘遭洋鬼子修理，以迄民國，由仇洋、排洋到媚洋，全盤西化失敗後，又倡言「中學為體，西學為用」，空喊得震天價響，怕連何謂體、用都分不清楚。禪宗啓人手段向來毒辣，無絲毫人情，惟有如此，把體、用理得清清明明，才可以體用一如，到處逢源，自然圓融無礙了。這宗公案的啓示，落到我們含混馬虎的老中身上，也該發生點作用吧！

　　朋友，當您發問時是否先妥為運思，當您答問時是否靜心聆聽全神貫注，當您處事待人時，是否心口合一，泰然自若，將理想與作為圓融不二的發揮到最高點？

四・刃加不變

宋德祐二年，元兵壓境，寺衆竄匿，佛光國師（無學祖原禪師）一榻兀生，軍士以刃加頸，師神色不少變，説偈曰：「乾坤無地卓孤筇，喜得人空法亦空，珍重大元三尺劍，電光影裏斬春風。」復爲説法，衆兵悔謝，作禮而去。

白話簡譯：

宋朝德祐二年，元兵侵犯國境，寺廟內的僧衆都抱頭競先逃匿，逃之夭夭。佛光國師（無學祖原禪師）卻在禪榻上兀然靜坐，元兵見了，就以刀架在國師頸上，意欲加害，國師非但面不改色，更口誦偈語大意爲：「乾坤這麼大卻是連置放我孤枴的地方都沒有，倒是因而很欣慰已證悟到自己及現象界的一切，都是因緣條件合成而不長久的。你們元朝的兵爺們要珍重你們的三尺劍，不要亂用，其實你們的殺人利器在我眼裏，祇不過像在電光影裏斬春風一般。」禪師更爲元兵説佛法，元兵感到

慚愧後悔，向禪師頂禮謝罪後離去。

　　儒家重氣節尙禮義，頗爲重視時窮節現，託孤百里，任重而道遠。其實，禪門裏頭，也不是光耍兩片嘴皮子撐起門戶的。許多大師，除了見識卓越、高燭天下外，行事更是令人欽敬，自嘆弗如。近代禪僧泰斗虛雲大師，身滯大陸後，有機會赴港，徒弟多勸他勿返大陸，但大師毅然回去，在於續一縷佛種慧命而已。明代達觀大師，在十七歲時就顯出驚人氣魄，向巨室化鐵萬斤以爲鑄鐘之用；後因事忤犯了當時的皇帝神宗，將他繫獄。達觀大師在獄中，一樣的用功講經說法，處處表現出大修行人的氣度。到了將要入滅時，在囹圄中，還先行告知，呼人入送薑湯淨口，趺坐安祥而坐化，他曾說過：「斷髮如斷頭，豈有斷頭之人，怕人疑忌耶？」「怕死不怕死不在口硬，但臨期出脫看他便了。」難怪弟子聞其坐化，要大呼「道人去得好」。本層公案裏的佛光國師也不含混，兵士以白刃加頸，神色不易，此種高度精神修養，不正是〈證道歌〉所云「假始鐵輪頂上旋，定慧圓明終不失」呀？！

　　不在緊要的關頭，看不出人之情操的。最近看電影「辛德勒的名單」，眞人實事，描寫一名德國商人，費盡心機，用盡家財挽救了一千四百多名猶太人寶貴性命，看了令人心感，置一己生死於度外，來勉力鞭策自己作一名現代的西方菩薩，沒有一點兒愛心，一點兒氣魄，

是難以為繼的。在集中營那麼黑暗的地獄中，硬是有著一絲微弱但堅韌的心光來維護著生命的尊嚴。若以禪道精神來看待，類乎於本層公案佛光國師所云「人空法亦空」的境界，把貪生怕死、欣樂求安的自我淡化、昇華，這樣子的作為，沒有氣魄及智慧，是難以圓成的。論到氣魄，明朝大理學家陸象山先生，曾發憤作過＜大人詩＞，氣魄非常的大：「從來膽大胸膈寬。虎豹蛇龍億萬千。從頭收拾一口吞。有時此輩未妥帖。哮吼大嚼無毫全。朝飲渤海水。暮宿崑崙巔。連山以為琴。長河為之絃。萬古不傳音。吾當為君宣。」膽識如此，何懼斧刃臨頭？心平氣和加上理直氣壯，處處光影裏卻處處春風了！

　　佛光國師的高明，在於看透了世間及自我；都不過是條件暫時聚合，轉眼無常，何必執著此一臭皮囊，這副軀殼，禪門裏實有大師逕呼之為糞袋子，為了養稱頭這團屎尿袋，我們一般人還真花了不少工夫呢——穿要名牌，出要名車，有人連廁所的抽水馬桶，都是真金鍊就，祇可惜肚子不爭氣，拉出來的不是真黃金，仍是臭屎一堆，到了晚上，睡在黃金床榻，照舊口流哈拉子，夢魘一晚，像個活僵屍，反不若國師來得逍遙自在；一榻兀坐；自在無我；一榻臥下，普天皆眠。佛光國師更高明處，在於他老人家，不是平劇裏「打漁殺家」的教師爺，光嚷嚷，練不得，見不得真章。大師卻是水裏來火裏去，真正的禪將；非但槍槍入肉三分，並且毫不動心，祭起了四句護身甲冑，不由得元兵不落荒而逃。四

句詩偈：道明盡大地是沙門一隻眼，我佛光和尚已無寸地執卓；你們這幫士兵，應當自重，手裏握的是掠人性命的三尺青鋒，應當有著如同尊重自己般尊重其他生命，此也是大師最高明的手段，他運用了自己的修為，再三的點化凶殘的元兵要尊重生命的存在，要維繫生命的尊嚴，試想在面對生死關頭之際，非但顏色依舊，並且在四句偈中，大方的挪出四分之一的空間，來規勸兵士要珍惜「殺人刀」的權柄，轉念之間就變為活人劍，豈不善哉。而後至於國師的應機傳法，猶為餘事。

　　孫子兵法有謂攻心為上，佛光國師慧定兼備，不戰而屈人之兵，難怪日本人要迎往彼邦，大興禪法。朋友，您從出生到現在，有沒有真真正正的挺起胸膛，秉持著大原則來為人處世，而不是像現在這樣唯唯諾諾利字當頭的做一名回鍋老油條！

五・不思善惡

明曰:「我來求法,非為衣也。」

祖云:「不思善,不思惡,正與麼時,那個是明上座本來面目?」

明當下大悟,遍體汗流,泣淚作禮問曰:「上來密語密意外,還更有意旨否?」

祖曰:「我今為汝說者,即非密也,汝若返照自己面目,密卻在汝邊。」

白話簡譯:

　　五祖的弟子,道明和尚,得知六祖慧能得到五祖的衣鉢,並且已悄悄離去,為了奪取傳承信物的衣鉢,就追趕到六祖,六祖把衣鉢丟在石頭上,告訴道明和尚說:「這襲法衣祇是一種信物,象徵著傳承的延續,如果可以用蠻力來強取?任憑您拿去罷!」道明試著去拿衣鉢,但卻像山一般的分毫不動,不禁既驚且懼,就改口說:「我追尊者,不是為衣鉢信物,而是想求明心見性、了

生脫死的心地法門。」

六祖說：「你在不思想到善的事物，也不思想到惡的時候，請問在這個關節上，究竟那一個是你道明法師心地本來的真面目？」

道明當時一聽就大大的開悟，遍體流汗，泣淚滿面，向六祖至心頂禮，又問：「除了您老剛才所提撕的密語密意之外，是否還有更高的不傳心法呢？」

六祖說：「其實，我今天爲你所說的這些，既能夠訴諸於文字語言的，就已經不是真的密旨了，真的密旨，祇有也祇要你返心迴照自己的本來面目，密旨的本體就在其中了。」

西藏密宗祖師那洛巴尊者，原先爲印度那爛陀寺的大學僧，後來，由於金剛亥母（西藏密宗噶居派之重要本尊）的現身提醒，及感到儘管博曉經論，辯才無礙，但，似乎卻沒法子真實體驗到宇宙間存在之真理，因此就決定往謁帝洛巴大師，向他求法，能真正了生脫死。費了許多苦辛，遭受十二種違背常理人性的考驗，終於見到久仰的帝洛巴，在帝洛巴教導下，起初那洛巴突飛猛進，不在話下，但過了一陣子，就停停滯滯，沒法子突破了。帝洛巴看在眼裏，就叫那洛巴回到家鄉，作一名工匠，那洛巴敬尊師命，非但安居在家鄉，並且娶了一位美貌的女子，婚姻生活自然有別於修行，起初還有點兒新鮮感，但日子一久，那洛巴更墜入一種虛無、平

淡、乏味兼肉慾的生活漩渦之中；終於，他陷入毫無生機的絕望中；就在此刻，乃師帝洛巴剎時顯現，接受了那洛巴的頂禮後，下達命令：「親愛的徒弟，你的妻子如此美貌，請讓我享用一下吧！」格於密宗對上師所命樂欲從之的「禁忌」（密宗十四根本墮中第一墮即為故違上師善逝語），祇得雙手捧上自己之嬌妻，乃師也毫不客氣，當著那洛巴的面，對乃妻肆然嬉弄起來，那洛巴看在眼裏，氣在心裏，剎時間，貪、瞋、癡、慢、疑種種的情緒，一股腦兒的湧現在心頭「吾愛吾師，唯吾師卻奪我所愛」「是可忍，孰不可忍」「不可，不可，密乘重師承，為弟子當儘力奉獻，不可有須臾疑怠」，就在此時，帝洛巴尊者，悄然的拿了一根棒子，狠狠的朝那洛巴的命根子打了上去，那洛巴痛極而暈，醒來時，與老師帝洛巴明徹而慈悲的眼光交視時，已然一躍而臻第六地（佛教菩薩修行的位階，概分之，有十地）之證境，此際，才深深感到師恩浩蕩，善巧至極，用了非常的手段，達到了非常的效果。

那洛巴如何證悟，我非彼，不可盡言，唯可臆言：蓋那洛巴經過一陣子密集訓練後，已屆臨瓶頸，自難更上一層樓，唯瓶頸亦即為突破之關鍵。高明上師如帝洛巴，先教那洛巴舒緩身心，甚而令他娶妻，埋身慾海，鬆馳於虛無、空洞之中，然後又突如其來的，把他潛藏於心靈深處之貪愛、我執、憎恨全體掀出，揚沸到最高點，這時，帝洛巴適時的一棒敲在愛徒的生死根本命根

子上，有若禪宗老宿的棒喝機用般，把那洛巴的師情、親情、愛情、慾情、國法、天理、人慾，一棒子全打到九重天外，爪哇國去也，一棒子痛在身上，明在心頭，為何會痛，因為尚有這個身子是我之執著，反觀一切皆空，何來我，何來我身，因之，帝洛巴棒頭下處，無情的摧毀了那洛巴的我執；那洛巴之昏暈，形同大死，大死之後，終獲重生，而大痛之餘，返本歸源，皆是「我」、「我有」作祟，此理一明，我見即滅，遂而明心見性，終於成為大手印傳承之一代宗師。

這宗公案，表出六祖的大度量、真智慧，狂僧道明，不求心法，執著表相，硬是要追殺六祖，逼出衣鉢，六祖大度，不計前愆，真是祖師胸襟，初轉法輪，已然如此，日後自然大光五祖門風。繼而道明頓改凶心，返求至道；六祖有鑑道明一路奔馳，全神貫注，專為衣鉢一事，恰恰合於「萬法歸一」之理，祇須四兩撥千斤，把這個「一」輕輕帶到那非零非一的境界，道明即開悟有望也。因之，遂教他由動而入靜，就地靜坐，然後，再教他不要讓心念住在善、惡的事物上，在這時再更返觀自心，看看這個時候，到底那一個是您道明上座的本來面目，道明，道明，因之明道矣！六祖此一方便，恰與帝洛巴大師有著較量，帝洛巴一棒打出個密宗大成就者；六祖一言，驚醒夢中癡僧，遍體汗流之餘，作了個明白了漢。天下本來無事，何來意氣，六祖心臺本空，絲毫不為道明所惱，反而大度大悲

成就法器，心無所住，應叩而響，不枉五祖慧眼獨具，印可一番。

但，到底甚麼是道明上座的本來面目？在不思善、不思惡的那個節骨眼當頭，就是徹頭徹尾的開悟嗎？天下竟有如許便宜撿，枉教他人坐破蒲團空怨嘆，正是，高徒遇明師，不負山水情，但，到底甚麼是本來面目?!

禪宗的本來面目，本來即是不可說：非圓、非方、非赤、非黃，這種境界，言辭道斷，心行處滅，是密意中的密意，寂靜中的寂靜，光沲沲，圓明明，騰騰和和，雍雍自在,道明僧當下大悟後；卻問了一句不該問的話：「上來密語密意外，還更有意旨否?」至高眞理，旣無形象，更不可作爲比較之對象，若還希求更高之密旨，那你老兄的了解，就非最終、絕對之證悟了。但六祖大悲，不吝賜敎，點出明上座旣已進入情況，就該好好的保任，誠意交心，能夠用語言表達的，就不是十方三世諸佛的密意，如果能夠返向自心深具與本來面目「照」在一塊，密意就在其中了。神會大師在〈顯宗記〉中稱西天二十八祖所傳密敎，在於「不被善惡所拘，不被靜亂所攝，不厭生死，不樂涅槃，無不能無，有不能有，行住坐臥，心不動搖，一切時中，獲無所得，三世諸佛，敎旨如斯」，即是六祖不思善惡，返照自性的本懷。

夫躁人辭多而無益，吉人之辭寡而誠切，六祖箋箋數語，成就明上座的慧命，改變其一生。朋友，您能不能在與人言談時，能見微知著，心寓誠敬，發爲心聲，

令聽者和悅而聞，敬而從之，人或不從，亦不慍怒，時時處在自家本來寂靜無諍的本來面目上?!

六・擔物悟道

洪州新興嚴陽尊者參趙州。問：「一物不來時如何？」州曰：「放下著。」師曰：「一物不將來，放下個什麼？」州曰：「放不下，擔取去！」師於言下大悟。

白話簡譯：

洪州新興的嚴陽尊者參訪趙州禪師。

嚴陽問：「如果內心已修持到一件事物都攀附不上時，又該如何？」

趙州答：「那麼，你就該放下啊。」

嚴陽又問：「一件事物都攀附不上，您老還叫我放下個啥？」

趙州：「既然放不下，就擔取著吧！」

嚴陽尊者聽了之後大大開悟。

拿得起，放得下，大丈夫。拿不起，放不下，窩囊

廢。好漢打破牙和血吞，莫三心二意，回顧來時徑，但勇往直前，希望在明朝。本層公案，標明一個活潑潑的果決，非但禪師因之開悟，即用之於日常生活，料理許多虛飾，斷了麻煩，省下寶貴光陰，更實在過活。

這重公案，透出了「捨」字訣，知足不辱，知止不殆，禍莫大於不知足，咎莫大於欲得。該放下時，就該放下，不要硬杵在那兒，充好漢，搞得寵辱皆驚，好不痛苦。當捨棄無謂的面子、招禍的名利，當拿時拿得心安理得，放的恰到好處，到這境界，不有點「捨」心當家，是難辦到的。記得以前蘇聯強權時代，首腦赫魯曉夫即將面臨黨內的抗爭及奪權，他在內部的高層會議中，泰然的聲明，大家都是好同志，不必搞得四分五裂，當下毫不猶豫的交出權柄，這種作為，堪稱政治家之風範，捨得漂亮，贏得了對手的敬佩，更維繫了帝國的正常進步，此老下位後，跟一般蘇俄平民一樣的排隊購物，輕鬆愉快至極，絲毫不是作秀，取捨之間，拿捏的硬是要得，那像時下有些政治人物，非僅變成秀星，一旦上得政治舞臺，從不想過要適時的謝幕鞠躬下臺。

這宗公案，也標明了「勤勇」是一種過失。何謂勤勇，簡單的說，就是沒有智慧的埋頭苦幹，自以為神勇無比，其實卻可能愈作愈脫線，但，即使這種脫線猛拼，滿腦子「要拼才會贏」的人物，在現今社會上，也已不多遇。關於「勤勇」是一種過失，就修養心性方面，在西藏密宗寧瑪派七寶藏之一的《實相寶藏》中有著頗為

務實的闡釋，引文略長，但精彩，請耐心一讀：

　　＜普作續＞云：「普提心猶如太虛空，猶如虛空心性法性中，無見無修無所護本誓，不勤事業亦無智慧障，不淨諸行亦無所行道，無微細法無二無和合，心中無了義教所抉擇，超增損故無要門楷定，是即大圓菩提心之見。」接著解說：「嗚呼！大薩埵！所說無有所修正見者，法之根本于自無有故，自身于自無有所觀故，自無之境無有我所說，是故宣說無所修正見，所說無有所護本誓者，不能護持自心無障礙，是自然智故無所護持，所謂無所勤行事業者，大圓本來超越因果故，事業因中修行欲得果，大圓無有所欲之果故，事業本來無所勤行故，是名宣說不勤行事業，所謂無有所行之道者，三世諸佛三界諸有情，行于所行菩薩心之道，心中佛於有情二無別，故無以心所行心中道，所謂無有所淨之地者，于此法界菩提心地中，淨治欲得解脫具因果，于此法界菩提心地中，我不說有治、修、行、成、教，所謂智慧境中無念者，境即本來自然真智慧，于智慧中無有智慧境。」……「猶如兒童於遊戲地聚沙為屋，終將毀壞，諸法生已於空中漸次攝集等，于世俗則有所得，于勝義則無可取故，一切三門勤作修行之法皆亦如是，一切善惡因果超絕動搖勤作于大無作中，為瑜伽士所縛。」又＜普作續＞云：「法中無有所作故，趣入無勤行之門。」又云：「嗚呼！大薩埵！欲得大力而勤作修行，勤修行故大力不成就，大力本來即是大，以修習故是壞佛密意，隨若

錯亂佛陀之密意，于自本性多劫不得證，嗚呼！大薩埵！切勿修習心三昧，切勿通達智慧境，不需口誦心默持，勿以手行結手印，勿以心作合離自性業，自然住故誰亦不用修，無有勤作如是住于地，無有所作說事業最勝，悟此義故不作諸事業，不造業故即住真如性，若有安住于真如性者，彼即無誤無修而成就，此即無誤自然無修治，性即所作無誤之體性，真如性中本無成佛法。」

而「勤勇」反面即為「鬆脫」，本來自然解脫之義，此亦為本層公案，徹頭徹尾所標之至義。西藏移喜確嘉佛母撰之《大圓滿智慧決定本來清淨解脫見》：「心本無縛亦無解。無所從來亦無住。去向亦無離邊表。本解無境無受因。」「無疑而有希求心。雖欲解脫實自縛。通達大樂而離心。本大解脫即是佛。」「一切本來解脫中。心解脫因亦無有。故當安住無事體。無事體中鬆緩住。」「法界宮中次第鬆。無事安住於自然。離於生滅與中邊。惟是成就獨一密。」可為證印。果然，則拿起也好，放下也罷，都是精緻心靈下所透現的景象，骨子裏卻都是本來輕鬆自在、圓滿解脫的。嚴陽尊者參趙州禪師，雖有此見解，但根基不固，遭趙州施出類乎太極拳的「引進落空」的手法，就祇得束手稱服了。

本件公案，嚴陽尊者自認已然得證，堂而皇之，一副當仁不讓，等於在抽考趙州之見地的問道：「如果內心已修持到一件事物都攀附不上時，又該如何？」，老考生趙州，堪稱全科神醫，當下即知道嚴陽大約犯了與自己

見解戀戀不捨的愛情昏頭症，就給一劑清腦湯：「那麼，你就該放下啊。」其實藥效在於點他要把這一點見解的執著也放下。孰知藥不對症，嚴陽回了一句槓頭話：「一件事物都攀附不上，您老還教我放下個啥？」真是急郎中遇上慢驚風，趙神醫祇好用第二帖還魂散：「既然放不下，就擔取著吧！」等於是說你不要婆婆媽媽的啦，既自認已撒手懸崖，通身徹透，那麼，就請你大和尚尊者還還神，不要一場空無，反成心性斷滅之大過失，應當把心提起好好承擔這心頭的一點靈明才是。

趙州二劑毒藥夾攻，倒換了一個大悟尊者，雖然如此，匹夫無罪，懷璧其罪，嚴陽若是不賣弄，如《圓悟心要》所云：「見學佛法。如中毒藥相似。然後透出佛法。乃體得本分事也。此非小緣，就分是久參之士。尤宜放下，不擔著禪道。不輕毀上流。愈透徹愈低細。愈高明愈韜晦。作箇自不知自不會無用處底人。行不動塵。言不驚衆，澹然安閑，常行恭敬，始堪保任。」（詳見《圓頓心要》，玄妙和尚纂）作個本分和尚，豈非更好，正是應了禪門一句話：「好事不如無。」

禪史裏頭，有位號稱彌勒菩薩化身，「一缽千家飯，孤身萬里遊」的布袋和尚，一個布袋提上拿下，變成他度人的工具，趙州老禪師，沒布袋耍，卻也左騰右挪的折騰人，設若時光錯亂，布袋和尚碰上了趙州古佛，就不知誰放下誰、誰擔取誰了。

要之，當放則放，當扛則扛，凡事盡力，犯不上逞

能，更不必叫勁兒，處事為人，切忌存一絲鬥爭心，時有自知之明，進退自如，才是丈夫行止，朋友，您說是嗎?!

七·壽塔論錢

撫州疏山匡仁禪師，因主事僧爲造壽塔，塔畢白師，師曰：「將多少錢與匠人？」主曰：「一切在和尚。」師曰：「爲將三錢與匠人？爲將兩錢與匠人？爲將一錢與匠人？若道得，與吾親造壽塔來。」主無對。後舉似大嶺（亦作羅山）閒，嶺曰：「還有人道得麼？」主曰：「未有人道得。」嶺曰：「汝歸與疏山道：『若將三錢與匠人，和尚此生決定不得塔；若將兩錢與匠人，和尚與匠人共出一隻手；若將一錢與匠人，累他匠人眉鬚墮落。』」主回舉似師，師具威儀望大嶺遙禮曰：「將謂無人，大嶺有古佛放光射到此間，雖然如是，也是臘月蓮花！」大嶺後聞曰：「我恁麼道，也是龜毛長三尺！」

白話簡譯：

　　撫州疏山匡仁禪師，主持寺院。寺內的主事和尚爲匡仁禪師建造一座壽塔，塔建妥，於是就興高采烈的裏

告匡仁禪師。禪師就問：「你打算拿多少錢給建築商啊？」主事僧答：「一切由禪師來作主。」匡仁禪師說：「是拿三錢給建築商呢？或是二錢，還是一錢，給建壽塔的建築商呢？如果答得對，那你實實在在的為我費心親自造了一座壽塔。」主事僧啞口對不上。

後來有人將這段公案傳敘給了大嶺禪師，大嶺先問：「有沒有人接得上話，答得出理由。」主事僧說：「從來沒有人對得上。」大嶺禪師就教導主事僧：「你回去跟疏山匡仁禪師說：『如果給建築商三錢，老禪師你此生絕對得不著這個壽塔。如果給二錢呢，老禪師跟建築商共出一隻手。若是給一錢呢，要反拖累這個建築商眉毛鬍鬚全部墜落。』」主事僧回寺，把前話一五一十的重覆一番。匡仁禪師聽後，非常慎重其事，很莊重的向大嶺禪師所在的方向遙遙作禮，說：「還以為禪門無人，想不到大嶺有一座古佛放出光茫射到我這兒。但雖然如此，卻還是臘月裏蓮花（很快凋謝，不久長的）。」大嶺禪師後來聽說了，也說：「其實，怎麼說，也等於烏龜長了三尺毛啊！」

這重公案，二個和尚，放著佛典不唸，佛法不修，一個錙銖必較，另一個看眼色辦事，卻既欠乾脆，又小兒科的，三、二、一，一、二、三的，在那兒琢磨著如何討價還價，疏山老師父，更慢條斯理的吟出一首小氣無比的還債小曲，累得主事僧人，當場楞頭瞠目，半響無聲，討乖不成，反致尷尬。而家醜難遮，禪宗界裏，

耳語悄言，反教大嶺禪師，挺身而出，代和了疏山曲，更尷尬了主事僧，但，憑誰問疏山曲高何處？主事爲何理虧？大嶺橫頭一攔，有啥道理？

　　要知，禪門裏頭，最是注重自家是否作得了主，本層公案，數字多寡，固有深義，但「自家作主」，都是疏山最急要務，在在提醒僧人，而後讓大嶺慧目看破的，亦爲此點。起先，壽山塔既已竣事，主事僧人對於疏山「將多少錢與匠人？」問語，竟搪以「一切在和尚」，自己一力籌建之工程，若是明白人，自最清楚不過，卻自家不作主，將之推到疏山身上，不是顢頇無能，就是鄉愿滑頭，於世俗言之，卻是承歡長官，獻乖賣好之不二法門。但在禪道上，卻犯了「自家作不得主」之大忌，因此，老禪如疏山者，自有具眼之領眾智慧，及宗師的良心責任，一爲修正僧人任他人作主之心態；另則爲求勿枉勿縱，再測試一下乃僧之底牌，遂有三二一還債曲譜出，待得僧人不言，疏山乃知自己門下又多了一名膿包。

　　但，爲何三錢與匠人，結局最爛，兩錢，則中等，一錢，卻燎天撲地，把個無辜匠人，燒殺個眉鬚落地，難以爲繼？佛家不是講求慈悲，提倡布施，若施三錢，反倒認爲不美，豈不有失僧家風範，佛法本旨。再者，完工收錢，銀貨兩清，乃天經地義之事，爲何卻硬是認爲賞了一錢，大獲全勝，如此不公，老小二僧，如何修心？其實，千言萬語，還當「作主與否」上切入。三錢

者，當解爲三種方式，即還三、還二、還一錢，如此之付款方式，等於回到僧人原先之答語「一切在和尚」，疏山提三種方式，那你說三種都可，豈不欺負老禪師「秀逗」，更顯自己白癡，等於沒得商量，全憑人家作主了，此也是大嶺事後消遣：「若將三錢與匠人，和尚此生決定不得塔。」之原因。

那麼，給二錢呢？則不同。因二乃居於三、一之間，於禪道言之屬於中道，三種付款方式，和尚與匠人，各自捫心商議，各自退了一步，少了一錢，起碼形式上走了佛教標榜的中道理路，也起碼的，自家子的大腦、小腦在一塊兒作用一陣，作了部分的主，二人作了如此之妥協，也隱表了知雙方之見地，所以大嶺評之爲「若將兩錢與匠人，和尚與匠人共出一隻手。」蓋兩人兩不相虧，並無懸欠，同時，也隱隱表示，若和尚與匠人兩錢，等於在向疏山表露出自家之禪道修爲，與您老不遑相讓太多，掙到了個表面平分秋色之局。

給一錢，數最省，卻邊際效用最大，爲何？蓋給一錢，乃對己最利，最損匠人之方式，匠人自沒得商量，而本山僧亦不須與您匠人老大商量，我自家全然作得自己之主人翁，堂堂遞出一文大錢，當場十方三世諸淨土所有須彌山全附著過去，壓得你匠人束手棄錢，落荒而逃。大嶺所言「若將一錢與匠人，累他匠人眉鬚墮落。」即有此意，更隱喻著，若和尚立答疏山給一錢，則疏山恐再也不能人模人樣的主持禪寺了。蓋一錢者也，除自

家完全作主之意外，更表內心之了悟已至最高之一乘佛道境界，我僧人早已智珠在握，看透了你疏山的數字遊戲，從開始就不墮入你的算數計度分別心陷阱之中，此也是楞頭僧把上話傳給疏山後，疏山頗具威儀的遙遙向大嶺的所在禮拜稱讚「大嶺有古佛放光射到此間」之緣故。

本來這宗公案，到此結束，可畫下一完美句點，疏山與大嶺心中明白，棋逢敵手，差堪告慰。另外那位等因奉此僧，讓二位大師如此教導，卻仍舊是個呆頭鵝，搖來踱去，絲毫作不得自己主張。但，末了疏山耐不住冷落，加話添足大嶺「雖然如是，也是臘月蓮花」，隱喻耐不住久留之意，也逼得大嶺，回馬一槍，自道我怎麼說，自也像是烏龜長了三尺的毛一般，認不得死真也。

《法華經》裏，有一位多寶如來，總是坐在一座寶塔內，祇有在講說《法華經》的地方；寶塔才會現身，因此，這座塔可說是具備了佛教圓滿佛格的象徵意義。又如日本桐山靖雄氏撰編的《準提尊大白身法千座行和讚》密宗修鍊儀軌，也提到寶塔，說明若經勤修，寶塔忽變爲七寶所成，光輝燦爛，威力貫天，也是象徵性的表示準提菩薩所具備的威力及德行。本件公案裏頭，大嶺禪師所說「若將三錢與匠人，和尚此生決定不得塔」決不是一座平平凡凡的壽塔所得開脫，而也是具備了象徵性的意義，而此意義，卻與如何付款方式的隱喻，是一貫相成的。

走筆至此，旁邊有人說，老兄，你別胡扯了，這種對話，也叫公案，難怪禪宗公案多達一千五百多則，要滿天亂飛，遍地作解了。其實，最單純不過，依商業行為來解釋，就一切OK，百事可樂，蓋付一最賺，付二勉強，付三最損，如此而已。三個和尚裏頭，只有一個主事僧，眞正會辦事，旣建得好壽塔，又不擅專，事事請示，難得的好奴才，卻沒配上好主子，反而兩個癲僧，你一言，我一語，互唱互和，捧得好不離譜，祇得再補語遮掩，眞是莫名其妙，罪加一等。早該搗毀壽塔，踏穿大嶺，看看疏山，還有啥子混話要吐！

　　朋友，午夜夢迴點滴，多不由自主，白天種種，您又能自主嗎!?

八‧篦打文殊

杭州無著文喜禪師，在仰山充典座，文殊嘗現於
粥鑊上，師以攪粥篦便打曰：「文殊自文殊，文喜
自文喜!」殊乃說偈曰：「苦瓠連根苦，甜瓜徹蒂
甜。修行三大劫，卻被老僧嫌!」

白話簡譯：

　　杭州的無著文喜禪師，在仰山大師的禪堂裏擔任著
典座的法職，文殊菩薩曾經顯現在煮粥的大鍋鑊之上，
文喜禪師毫不客氣的用攪拌粥飯的攪拌器竹篦打了上
去，說了一首半偈大意爲：「你文殊自己是文殊，我文喜
自己是文喜（沒甚麼相干的）。」

　　文殊菩薩聽了，也回了一首偈，大意爲：「苦瓜連根
都是苦的，甜瓜連蒂都是甜的。我文殊修行無量無數的
時間（今天特地顯身），（不但不稱美於我）反而被你這
個老和尚嫌多事!」

好端端的佛教智慧代表——文殊菩薩，不在蓮花座上養神，接受萬民景仰，卻蹲在粥鑊上秀身，文喜禪師見及，不但不上前頂禮，哈腰請安，反而口誅「篦」伐的一篦子幹上，本層公案，兩個登場角色，既不自愛，又互不尊重，拿著煮飯傢伙當舞臺，捫心自問，到底演啥子把戲，讓人納悶。

這宗公案，表明開悟一事，茲事體大，非但父難授子，即聖賢菩薩，若所授非人，即便傾囊相授，亦如碗器覆蓋，點滴承擔不得。因此，當文喜典座老禪修，見到文殊菩薩，宴宴然的坐在粥鑊上時，即以「文殊自文殊，文喜自文喜」，一則交待自己不是叩頭蟲，見到菩薩即沒了主見，叩頭如搗蒜，二則隱隱的表明我文喜老鈍根禪師，卻是與你文殊把臂同遊未惶多讓呢！行家一伸手，就知有沒有，拾得曾有詩：「寒山自寒山，拾得自拾得。凡愚豈見知，豐干卻相識。見時不可見，覓時何處覓。借問有何緣，向道無為力。」亦是此意。

文殊菩薩，在佛教被尊為七世佛師，自是圓滿智慧化身。被篦子打了一記，不免吟詩表態一番，詩云：「苦瓠連根苦，甜瓜徹蒂甜。修行三大劫，卻被老僧嫌。」苦瓜全苦，甜瓜遍甘，表通體一味，遍三千大千世界，於我文殊菩薩，宛如觀眼前一只瓜果，我文殊的修為可說已臻＜信心銘＞所云：「十方目前，極小同大，忘絕境界，極大同小，不見邊表。」「一即一切，一切即一。」「萬法一如」的境界。詎料我文殊大菩薩，經歷了無量無數時間

修行，才有今日這般的成果，好意的現身，卻類狗咬呂洞賓，不知好人心，反倒讓你老和尚嫌我亂作秀，真是一部二十五史，不知從何說起。《論語》語云時然後言，人不厭其言，真是一點也不錯，但，文殊菩薩就這麼淺陋，讓文喜一眼穿心穿肺給看透了嗎？

　　非也！非也！文殊既非多事，更非智障，而是與文喜合作串演一場開悟秀罷了。文喜禪師先言，說明修行禪道，在於身體力行，自行了知，要親嚐一番苦瓜、小茱、甜瓜稀飯，才可免飢免餓，說食不飽，聽人說食，更是畫餅充飢，豈不智障加白癡，會死的很難看。文殊接答的詩偈，不是在發牢騷，若然，大菩薩還是如同凡夫一般見識，那麼佛教就不可能流傳至今。文殊之偈，在於說明身體力行固然重要，但修行之指導原則也須並重，否則盲修瞎鍊，難有開悟之日。但，指導心法何在？即「苦瓠連根苦，甜瓜徹蒂甜。」簡潔明白直指人心，修行必須動靜、生死、苦甜……一切的兩元化的事物都要一體，如此方可達到法身一味，萬法一如的境地。但，菩薩生怕人心不持久，像《中庸》所云：「人皆曰予知，擇乎中庸而不能期月守也。」故而強調是經過三大劫無量無數時間才修行成功，因之你們世人啊！要見賢思齊，勿一曝十寒，儘作得口行而心不行，是無實益的。

　　在西藏密宗裏，文殊菩薩是重要的修持法門。莫怪本宗公案，文殊的四句偈有啥子了不起，在西藏薩迦派祖師中，就有薩千、貢噶、寧波得到文殊菩薩親授「遠

離四種執著」:「若執著此生，即非修行者。若執著世間，即無出離心。執著己目的，不具菩提心。當執著生起，正見已消失。」四句偈而得到開悟。又密宗裏文殊菩薩通常的法相，如十六歲少年，右手持智慧寶劍，象徵斷一切煩惱，左手持般若經典，象徵具足智慧。黃教祖師宗喀巴大師，相傳是文殊、觀音、金剛手三大菩薩的化身，宗喀巴大師在三十六歲那年，努力修持密宗文殊菩薩相應法門，感得文殊親現，自後，「大師每次想見本尊時，只要懇切祈禱，菩薩立刻現身。」後來在閉關修行時，「見文殊菩薩結跏坐，四周有不可思議的聖眾圍繞。菩薩心中，突然生出一口利劍，劍身逐漸增長，劍尖經至抵住大師的心窩。菩薩心中，又湧出黃白色的甘露，順著閃閃發光的劍面，徐徐流入大師的體內。此時，大師頓然感到全身舒暢，充滿無漏妙樂。」（詳請見《宗喀巴大師應化因緣集》，修慧法師編述）宗喀巴大師慧等佛尊，想來與修持文殊密法成就有甚大關係。

這重公案，文殊菩薩仍是至尊王牌，文喜對他，明貶暗捧，與宗喀巴大師對文殊之誠心無別，並且根蒂連瓜，同是佛種，那來相爭。祇是外行人看熱鬧，以為呵佛罵祖的禪門裏頭，文喜竹篦打文殊，更添新聞。殊不料內行人看門路，二位悲心大菩薩，刀口佛心，刻刻以眾生為念，辛辛苦苦串演開悟禪劇，怪只怪眾生不知世間之苦，甚於苦瓜，受名利之誘，勝過喜食甜瓜，不肯自己時時的省思，努力斷除惹起煩惱的二元化分別心，

反而像一鍋爛粥般，一路爛到底，翻來覆去，很難有海晏河清的一天。

　　禪門裏頭，有「見山不是山，見水不是水」。而後卻又「見山是山，見水是水」這般悟境，怕也是了解苦瓜苦，甜瓜甜的密要。宇宙間萬事萬物，都是本然的圓滿，不假任何造作的，當下即是，法爾宛然，本無縛結，何求解脫。文殊、文喜的一番唱和，都是在無二中說無二，本來真理本存，是不假言說，二位大聖的饒口瞋行，不過在再三點明以智慧來引導修行的重要，禪門人有鈍利，開悟都是剎時頓悟，但憑誰問，頓悟前，經歷幾許星霜，坐破多少蒲團，挨下多少白眼，受盡多少奚落?!

　　踏盡世路覺山平，嘗遍人情嘆紙厚，不經一番寒徹骨，怎得梅花帶月來。苦瓜苦，甜瓜甜，還得親嘗，才實知滋味，朋友，您若居上位，肯設身處地替下民想嗎？您若屈居人下，能上體天心，貢一己之力嗎？您能盡量少抱怨，事事親自體驗，藉之磨鍊心志，以俟時機嗎?!

九‧趙州勘婆

趙州因僧問婆子：「台山路向甚處去？」婆云：「驀
直去。」僧才行三五步，婆云：「好個師僧，又恁
麼去。」後有僧舉示州，州云：「待我去與儞勘過
這婆子。」明日便去，亦如是問，婆亦如是答，州
歸謂眾曰：「台山婆子，我與儞看破了也。」

白話簡譯：

趙州禪師寺院內的僧人去向一位老太婆請教：「往五
台山的方向甚麼方向去？」老太婆回答：「一直去。」

但是，問路的僧才走了三五步，就被老太婆譏諷：
「好一位師父級的和尚，又是這麼（傻）直去的。」

後來，有別的和尚把這重公案告訴趙州禪師，趙州
慨然道：「等我去替眾家和尚出一口氣，把這個老太婆給
折服。」

到了第二天，言出必行，見到了老太婆，也是同樣
的問路話，老太婆也是同樣的答語，趙州禪師施施然的

回到寺院，向衆家和尚説：「那位五台山老太婆的技倆，已被我看穿勘破了。」

千江有水千江月，一月普現一切水，一切水月一月攝，直心正是道場，但莫揀擇，至道垂拱自得，驀直行去，非但五台山在望，山上勝妙廟堂之文殊、普賢諸大菩薩，早已倒駕慈航，在山門外笑呵呵喜孜孜的捧手相賀，但，若婆子前答OK，爲何後答，相同内容，卻吃NG？難不成，趙州老禪師，滑頭胡謅，矮化婆子，甚或扛著雙重標準招牌，大搞個人權威。

平實而言，於禪宗，婆子之輩，多有出格之能耐，多少禪師敗在三寸金蓮之下，唯獨趙州，八十高齡猶行腳，勝負不足掛心，肩挑明月又一天，永遠具備參禪求教的大丈夫氣魄，曾贏得另一婆子頂禮，贊爲古佛出世，自然有著擒龍捉虎的本事，抓著了婆子的喉嚨，令她出聲不得，只得俯首稱臣，但，婆子到底何懈可擊，趙州又爲何大言不慚，大剌剌的說「台山婆子，我與儞看破了也。」

其實，婆子出醜，不在於用了同樣之答話，而是她實實在在的，沒有達到「窮則變，變則通，通則久」的火候，禪宗裏頭「若說一物卻不中」，也是這個意思，蓋佛法豈有定法，既然條條大路通羅馬，也自然一一曲徑也登得上五台，當婆子大擺陽謀，「烏龍」僧人驀直行去之際，僧人不察，作了乖乖牌，反成了婆子的笑柄。但，

婆子其榮也速，其辱即至，待趙州一路堂皇行來，重施故技時，婆子卻死在自己的機關下，一招半式闖江湖，形同小孩玩大車，登時栽了個朝天跟頭，再不作聲。趙州贏在那裏，在於他打出了「不變而變」的招式；即是同樣之問話，看似不變，其實，時、地、人皆變，而婆子若是高手，不該楞頭青，永遠是程咬金劈頭三斧，而應像太極拳高手般的明接暗卸，「變而不變」的再把問題原封不動奉還趙州老人，變者，外在之言辭也，不變者，了悟直心是道也，婆子登不上場面，把趙州當凡僧，欠缺慧目，婦復何言。

又，這樁公案，婆子壞在賣弄不出新噱頭，趙州，卻是走遍大江南北的作秀王、老江湖，行家一伸手，就知有沒有！清水變不出雞湯，不能每件事都直頭直腦的應付，一頭驢子走遍全世界還是一頭驢子，婆子死心欠活而不踏地，想來沒有經過八字著腳，實實在在的禪門修持，又欠著活潑潑的對機，不敗在趙州手下，也會遭高人修理的。

但在這裏橫批豎鬥老太婆，未免過於殘忍。雖說佛法無人情，卻總有個商量。要知在西藏密宗裏頭，女性的本尊，經常尊稱之為佛母，佛母者出生諸佛，蓋智慧圓滿，方得成佛，而佛母者即般若智慧，因此尊之諸佛之母也。

密宗上修鍊已成的女性，往往尊之為佛母，如準提佛母、尊勝佛母、移喜磋嘉佛母，除表尊敬外，更表依

之爲本尊，三密相應，自家也可以得到般若智慧，像西藏語移喜礁嘉佛母，直譯即係指如智慧海王般之佛母，如法觀修，照密宗的講法，自然可得到極大的加持。又如西藏密宗噶居派大手印祖師那洛巴尊者，身邊伴著一位寧古馬佛母，有說她爲尊者之妹，有說爲女兒，亦有說爲妻，其實，不必錯愕，以爲不合倫常，除了傳訛有失外，這些妻、妹、女兒之定位，不過係表徵女性特有之柔韌誠性罷了，譬如世俗夫之待妻，於多重感情內涵中，如妹、如女的情操，多少是隱隱存在的，而密宗修持佛母的功用，卻在於昇華這些情操，普及天下，使自己及所有生命都活在大同世界裏頭。因此，若由西藏密宗的角度，來看待具有深度精神修養的女性，就不該像這宗公案裏所示，僅憑三言兩語就將之打入冷宮，累世超生不得矣！

　　走筆至此，不禁想到中國的古典章回小說中，婆子往往是從吹牛拍馬，到下迷魂湯、蒙汗藥，甚至於拉皮條坐收銀兩，無非不生的頭痛人物，返觀，這重公案的老女主角，難保不是心狠手辣精擅禪理的女狠將，而趙州老人，閒居無聊，先發遣前軍刺探，遭了奚落，未能閉門思過，非但護短，更是逞強，反又意氣大熾，硬是二度闖關，明裏看是風風光光，返回本廟；自演自唱，已整垮了老太婆，又怎知老婆子不是智深如海，深沈不動，先前來僧，慈心指出一條活活上山妙道，卻不堪造就，現時來漢，卻是透剔圓融中帶些火氣，待我老太婆

加把勁，依樣畫葫蘆，一字不更的把他煽回老家，你這老僧，來時分明帶著半毫慍火，去時又增添點兒驕氣，這刻，氣火相澆，怕已燒得遍體鱗傷，還在那兒稱孤道寡，豈不可笑！老子所曰：「將欲歙之，必固張之；將欲弱之，必固強之；將欲廢之，必固舉之；將欲奪之，必固與之。是謂微明。柔弱勝剛強。」不也是此理。

　世路艱辛，那堪直行。朋友，您能否方正不失敦厚的度過這漫茫人生？！

一〇・仰山遊山

仰山問僧：「近離甚處。」

僧云：「廬山。」

山云：「曾遊五老峰嗎?」

僧云：「不曾到。」

山云：「闍黎不曾遊山。」

白話簡譯：

仰山禪師問僧人：「最近由甚麼地方離開到此?」

僧人：「廬山。」

仰山：「你曾經遊覽過廬山的五老峰嗎?」

僧人：「五老峰倒是不曾到過。」

仰山：「那麼大師啊，你卻是不曾遊過廬山啊!」

　　廬山風景佳，本該遍地遊，祇緣無慧根，偏漏五老峰。本層公案，大可看爲二僧閒話家常，稀鬆平淡無比，若謂有所啓發，豈不秀逗兼亂蓋。但仰山何必遮瞞廬山

真面目，明明僧人下得廬山，上你仰山，為何卻睜著眼說瞎話：「闍黎不曾遊山」，白白污卻名山實僧？！難不成五老峰乃千古絕景，未至直等未上廬山？甚或另有玄旨，非吾等凡夫，得堪與聞，要聞嗎？請君先攀五老峰！

　　唯，公案中的僧人，實心實肺，大約祇作得普通之觀光客；卻似乎當不上一名參禪僧。因為仰山大師非但由世路旅途上對口寒問，尚且由禪道心路上夾殺，雙殺結果，好不悽慘，不知世路亦不知出世路，落得悲心一片的仰山，不得不把這個既實心又可憐的僧人三振出局了事，從此廬山自廬山，仰山自仰山，兩不相干，不在話下。

　　五老峰位處廬山之中，若就世間分別意識言，乃兩座名稱不同之山，若再細分，則山形走勢迥異，各擅勝場，皆有差別，若就無分別意識來看，一片彩霞映千山，何分此山與彼山，皆不過表徵一壞黃土罷了。僧人答話，一個蘿蔔一個坑，那裏識得出仰山之丘壑，答云：「不曾到」，隱隱顯出自家欠學，沒有透山的功力，硬是左眼、右眼各自為政，沒法子一體觀物，搞得事事分別，處處牽心，那裏攀得上禪宗所標榜的事事平等，普皆圓滿的無分別五老峰。

　　仰山大師，一語數機，既然認為未到五老峰，既形同入寶山空手而歸，則五老峰此一硬體，肚子裏頭，應當有價值連城的軟體才是。要之，五者，五種佛教標榜斷盡煩惱、完美解脫成佛作祖的智慧——大圓鏡智，成

所作智，妙觀察智，平等性智，法界體性智。老者，老
到也，圓成也。峰者，高高聳立，旣昭世人，復傲群山。
因之，五老峰者，乃智圓慧熟之表徵也。仰山問：「曾遊
五老峰否」即在隱隱試探來僧五智是否已然於茲圓熟？
僧人不察，換來仰山一正面的否定：「闍黎不曾遊山」，
未見僧答辯，更足徵他滯行世路，心路自然閉塞矣！

　　但，旣或僧人亂答曾遊五老峰，則仰山又該如何？
到底曾去不曾去，跟僧人的眞才實學有著絕對關係嗎？
仰山漫山遍野的佈下機關，熬到僧人上鈎，始纔潑天潑
地的耍出宗師的下馬威，是否絕對權威？難道一定僧人
踏遍廬山分寸地；方表示其爲出格的禪師，具透山的眼
光？

　　在中國南派武術，如白鶴拳，有著以金、木、水、
火、土來分別的五種力道不同、性質各異的招式，在對
敵攻守的策略中，除了恪遵五行生尅的理念外，還有些
格鬥的心法如：「有橋過橋，無橋造橋」、「有力借力，無
力生力，以力代力，以力增力」，也須靈活運用，才可柔
裏帶剛，剛中寓柔的兵來將擋，水來土掩，立於不敗之
地。公案裏的和尚，吃了仰山一招五老峰土形拳招，不
知以水形對治，更不知借橋借力的心法，閉口瞪目之餘，
顯得無能及無知，自然作不得仰山的入室弟子矣！

　　其實，至高的禪道，早已逸離了主客觀的對立；而
是自然的心住於禪和平等，旣平等又祥和，仰山之高明
也在於此，他雖以世道、禪道，分兵二路，夾殺來僧，

但骨子裏，卻是世道、禪道完全和合，離了世道，也就沒有禪道，了達了禪道，世道就處處平坦妥切，不在於是否一定到得五老峰，因之仰山大師借了生活上的「行」，表達了至道的禪道，來僧無法印心，會得大師苦心，一句答語差之毫厘，謬以千里，佛法裏那有人情賣弄，只落得仰山嘆曰：「闍黎未曾遊山」，等於直指你老兄修禪還未入門，眞是傷感。

我平日裏喜讀＜寒山詩＞，每將天台（寒）山形容的玉潔冰清，不沾半點煙塵，讓人貪慾頓減，慕道之心驟增，但在這宗山案裏，仰山集字未形容五老峰，卻也令人爲之神往不已，您說，不是很奇妙嗎？

如是，如是，行行重行行，世路險又難，若得等心觀，大道現眼前。朋友，您能行之所至，具備貌瘁骨剛，獨行獨步，枕臥南斗，翻身無我的氣魄嗎？！

附錄

<寒山詩>有三百多首，擇若干詠天台寒山詩
於後：

寒山頂上月輪孤　照見晴空一物無
可貴天然無價寶　埋在五陰溺身軀

※

久住寒山凡幾秋　獨吟歌曲絕無憂
飢餐一粒伽陀藥　心地調和倚石頭

※

一自遁寒山　養命餐山果　平生何所憂　此世隨緣過
日月如逝川　光陰石中火　任你天地移　我暢巖中坐

※

一住寒山萬事休　更無雜念掛心頭
閑於石壁題詩句　任運還同不繫舟

※

自樂平生道　　煙蘿石洞間　　野情多放曠　　長伴白雲閒
有路不通世　　無心孰可攀　　石床孤夜坐　　圓月上寒山

※

時人尋雲路　　雲路杳無蹤　　山高多險峻　　澗闊少玲瓏
碧嶂前兼後　　白雲西復東　　欲知雲路處　　雲路在虛空

※

卜擇幽居地　　天台更莫言　　猿啼谿霧冷　　嶽色草門連
竹葉覆松室　　開池引澗泉　　已甘休萬事　　采蕨度殘年

※

人間寒山道　　寒山路不通　　夏天冰未釋　　日出霧朦朧
似我何由屆　　與君心不同　　君心若似我　　還得到其中

※

余家本住在天台　　雲路煙深絕客來
千仞岩巒深可遁　　萬重谿澗石樓台
樺巾木屐沿流步　　布裘藜杖繞山回
自覺浮生幻化事　　逍遙快樂實奇哉

※

自羨山間樂　逍遙無倚託　逐日養殘軀　閒思無所作
時披古佛書　往往登石閣　下窺千尺崖　上有雲盤礴
寒月冷颼颼　身似孤飛鶴

※

我家本住在寒山　石岩棲息離煩緣
泯時萬象無痕跡　舒處周流偏大千
光影騰輝照心地　無有一法當現前
方知摩尼一顆珠　解用無方處處圓

※

畫棟非吾宅　青林是我家　一生俄爾過　萬事莫言賒
濟渡不造筏　漂淪爲採花　善根今未種　何日見生芽

※

千年石上古人蹤　萬丈岩前一點空
明月照時常皎潔　不勞尋討問西東

※

今日岩前坐　坐久雲霞收　一道清谿冷　千尋碧嶂頭
白雲朝影靜　明月夜光浮　身上無塵垢　心中那更憂

※

寒山唯白雲　寂寂絕埃塵　草座山家有　孤燈明月輪

石床臨碧沼　　虎鹿每爲鄰　　自羨幽居樂　　長爲象外人

※

寒岩深復好　　無人行此道　　白雲高岫閒　　青嶂孤猿嘯
我更何所親　　暢志自宜老　　形容寒暑遷　　心珠甚可保

※

自見天台頂　　孤高出衆群　　風搖松竹韻　　月現海潮頻
下望山青際　　談玄有白雲　　野情便山水　　本志暮道倫

※

寒山棲隱處　　絕得雜人過　　時逢林內鳥　　相共唱山歌
瑞草聯谿谷　　老松枕嵯峨　　可觀無事客　　憩歇在岩阿

※

雲山疊疊連天碧　　路僻林深無客遊
遠望孤蟾明皎皎　　近聞群鳥語啾啾
老夫獨坐棲青嶂　　少室閑居任白頭
可歎往年與今日　　無心還似水東流

※

杳杳寒山道　　落落冷澗濱　　啾啾常有鳥　　寂寂更無人
淅淅風吹面　　紛紛雪積身　　朝朝不見日　　歲歲不知春

※

千雲萬水間　　中有一閒士　　白日遊青山　　夜歸岩下睡
倏爾過春秋　　寂然無塵累　　快哉何所依　　靜若秋江水

※

高高峰頂上　　四顧極無邊　　獨坐無人知　　孤月照寒泉
泉中且無月　　月自在青天　　吟此一曲歌　　歌終不是禪

※

寒山道　　無人到　　若能行　　稱十號
有蟬鳴　　無鴉噪　　黃葉落　　白雲掃
石磊磊　　山隅隅　　我獨居　　名善導
子細看　　何相好

※

寒山寒　　冰鎖石　　藏山青　　現雪白
日出照　　一時釋　　從茲暖　　養老客

※

寒山深　　稱我心　　純白石　　勿黃金
泉聲響　　撫佰琴　　有子期　　辨此音

※

重岩中　足清風　扇不搖　涼氣通
明月照　白雲籠　獨自坐　一老翁
寒山子　長如是　獨自居　不生死

一一 · 相打見道

鎮州寶壽第二世禪師，在先寶壽爲供養主，壽問：
「父母未生前，還我本來面目來！」師立至深夜，
下語不契，翌日辭去。

壽曰：「汝何往？」

師曰：「南方學佛法去。」

壽曰：「汝且在此作街坊。若是佛法，紅塵浩浩談
說。」

一日，在市中見二人相打，一人向前打一拳曰：
「你得恁麼無面目！」

師睹之，忽然大悟，歸告，壽深可之。

白話簡譯：

　　鎮州地方的寶壽第二代禪師，原先是供養第一代禪
師的功德主，有一天，第一代祖師問他：「在父母未生出
以前，還我本來面目來！」二世一直在思索答案，竟然站
到半夜，卻沒有辦法接上一世祖的問話。第二天，向一

世祖告辭。

一世祖問：「你打算到那兒去?」

二世祖答：「我打算到南方去學佛法。」

一世祖說：「你先在這裏待下，如果是佛法，在世俗紅塵中不也是活活躍躍的在談著說著嗎?!」於是二世就暫時留下。

有一天，在街市上看見二個人打架，有一個人衝向前，朝對方打了一拳，嘴裏還罵著：「你這個人怎麼這麼沒面目（不要臉)!」

二世忽然大悟了一世的話裏玄機，返寺稟告，一世深深的印可。

佛法禪道，不離方寸，不離世間，離開世間之七情六慾、酸甜苦辣、哀樂冷暖，則佛法至理，也就永世難覓。地藏院桂琛禪師曾說：「若論佛法，一切現成。」當是同理。十丈軟紅塵，透心徹骨空，本件公案裏頭，寶壽初祖硬是阻卻二世南方求法，非是擋人前程，實乃佛法無分東南西北，自家方寸心頭，盡可化爲淨土蓮邦。因而，反令二世暫充馬路巡閱使；東瞧瞧、西看看，養眼之餘，突的看得眞切，原來點點紅塵，都是宇宙間至高眞理之縮影及顯現，《法華經》中〈普賢咒義〉論一切皆是「興諸行，播諸語，全在三昧中顯現」亦是此旨，又公案中寶壽祖師所云：「若是佛法，紅塵浩浩談說。」則自然二人爭打，口出詈言，卻都是至道之表現了。

但，照這麼說，這宗公案，乍看之下，二世似乎歪打正著，糊裏糊塗的就觸目見道了，正是踏穿鐵鞋無覓處，得來全不費工夫。其實大大不然，爲何？原來禪門開悟須有些講究，因緣際會，缺一不可，若果開悟如此容易，豈不從南到北滿街一路拳打腳踢，地上躺的全是開悟的人啦！但，講究些啥？一者須有位明心見性、慈悲滿腹，且兼手腳乾脆的師父；二者須有個似通不通，要悟不悟的癡漢，明師如虎，癡徒如羊，羊入虎口，渣澤不留，死後再生，當然，仍須加上丁點兒觸媒，起個化學作用，迸出心靈火花，自後任你紅塵白浪，蓋天蓋地去也！公案裏頭的火媒子，在於兩個無心互毆漢子，出拳的還嘴裏不乾淨：「你得恁麼無面目」，卻讓個有心禪師看在眼裏，電光石火，忽地領悟了寶壽禪師的話頭玄機，會得了父母未生前之本來面目，眞眞不妄父母生他一場辛苦。

　　但，於此諸般講究中，更有著講究，即是必須心中實在領悟，否則旣便舉頭三尺，無非靑天，處處玄奧，處處妙道，未了漢依舊是爛泥巴一沱，如何綻得出妙白蓮？明朝憨山大師在三十二歲那年，作夢遊歷到彌勒菩薩的淨土，眼前看到一座如同虛空般廣大的樓閣，奇怪的是，在閣中「盡世間所有人物事業。乃至最小市井鄙事。皆包其中。往來無外。」大師心剛一思維爲何在如此淸涼淨土中，卻還有著這些雜穢俚事？這座莊嚴妙麗的樓閣刹時遠離，大師又思維其實所謂乾淨、污穢，都不

過是我的心理作用罷了，樓閣馬上又回到眼前，莫滅凡情，但教息意，心悟紅塵即是淨土；何必苦苦南行求法，這層道理，六祖慧能大師在《壇經》裏頭也說得明明白白，於此不贅。因此，講究中之講究，在於二世禪師自心了悟了紅塵點點，瞬目揚眉都是父母未生前之本來面目，先前自心不悟，如喪考妣，當下自心領悟，亦如喪考妣，古禪如是形容，當可相信。

禪道如此，書道亦然。某書法家，久而未能突破，一日閒逛街頭，偶見二引車賣漿之徒過橋爭道，揎臂理論，你來我往，恰到好處。又見牆壁一角，陰溼漬跡，宛若天成，不禁恍然大悟，空習書法數十秋，天然真趣是我師，自後隨心所欲，妙筆名世矣。民國名人吳稚老，自讀《何典》奇書後，一掃原先屬筆為文之窒礙，從此優游文海，好不自得。《何典》何書，竟如文昌之妙筆，開了吳老文膽，但看《何典》開首兩句，卻是「……放屁，放屁，真正豈有此理！」即知梗概。俗話云：「脫了褲子放屁」喻多費手腳不直截了當，為文尚氣，理真氣自壯大，理氣一順，自然如長江大河，傾瀉無餘。禪門裏頭這麼多未悟漢，就是缺此臨門一腳，若是祖上有德，受著明眼大師的垂青，不拘是擊的杖下無完膚，或是滿地找牙，刹時迴光返照，卻硬是生而復甦，脫胎換骨，成了個不惑了漢。但，這樣子的造化，碰上不是料的徒弟，也祇有讓老禪師大呼蒼天不已！或曰，且飲一杯銷魂酒，半臥街頭笑明星。

朋友，您能否處污濁而不染，面對虛、妄、偽、詐的牛鬼蛇神，社會百態，連說三聲「放屁！放屁！放屁！」

一二・羅漢片石

地藏因法眼、紹修、洪進三人過，阻雪，圍爐次，舉肇論至「天地與我同根」處，師曰：「山河與上座自己，是同是別？」眼曰：「別。」師豎起兩指，眼曰：「同。」師又豎起兩指，便起去。及眼辭，師門送曰：「上座尋常說三界唯心，萬法唯識。」指庭下石曰：「且道，此石在心內？在心外？」眼曰：「在心內。」師曰：「行腳人著甚來由安片石在心頭？」眼窘無以對，遂放包依席下求抉擇。近一月餘，日呈見解說道理，師語之云：「佛法不恁麼。」法眼曰：「某甲詞窮理絕也。」師曰：「若論佛法，一切現成。」法眼於言下大悟。

白話簡譯：

　　地藏院的桂琛禪師因爲法眼、紹修及洪進三位來訪，本欲告辭，因爲風雪太大，只好待在寺院之内。大家圍著火爐取暖並話家常，談到肇論中「天地與我同根」這

段，桂琛禪師問：「山河大地跟上座你自己，是同還是不同？」法眼禪師搶答：「不同。」桂琛禪師豎起了二根指頭，法眼忙著又答：「相同。」但是，桂琛禪師卻又豎起兩根指頭，趁便起身而去。到了雪停風靜，法眼禪師一行要告辭了，桂琛禪師很有禮貌的送至寺門口，並且說：「上座您平常總是說三界及世間現象界的一切，都是由心念意識所作用、產生的。」就指著門庭下的石塊對法眼說：「那麼請您說說看，這片石塊是在心內呢？還是在心外呢？」法眼答：「自然是在心內。」桂琛禪師又說：「你一個出家行腳和尚爲什麼緣由安一塊石片在心頭（帶著到處行腳）？」法眼辭窮受窘，沒有法子對答，就放下行囊依附在地藏院求一個了悟。

經過了一個多月，法眼每天都把自家的精心見解呈給桂琛禪師。不料桂琛總是說：「你的佛法不怎麼樣嗎？」有一天，法眼終於投降，向桂琛禪師說：「我言辭已用盡，道理也舉盡了。」桂琛禪師這纔說：「若是論到佛法，其實是一切現成圓滿的。」法眼聽了大大開悟。

看電影「閃靈殺手」，覺得震撼及共鳴。導演奧立佛史東用彩色、黑白膠片，間或雜以卡通，來加強效果，造勢情節，宛如一位書畫大師；一時潑墨、水彩、工筆、國畫，盡興而爲，但卻配合的宛如天成，灑脫至極，簡直是禪師的電影禪公案，把各種問題，赤裸裸的坦呈在觀衆而前，劇中男、女殺人狂曾說自己是天生的殺手

(natural born killer)，但，從另一種意義來看，可以認他們所有的作爲都是天生的「禪」，不是嗎？天生的殺手與天生的禪，二者之間，眞有差別嗎？這宗公案的猜謎大會主持人桂琛禪師不是曾說過「若論佛法，一切現成」，天台宗智者大師也說：「……一魔一切魔，一佛一切佛。不出佛界，即是魔界，不二不別，如此觀者，降魔是道場」，這宗公案，可看成一部即興禪電影。景色單調，一片茫茫白雪中，依稀可見地藏院。院主桂琛老禪師，早就想把一早即叩門的三位不速之客：法眼、紹修、洪進，給一脚踹到山門外，自己好閉門大睡，參他個睡覺禪去也。但，雪太大了，祇得圍爐閒話，避寒候晴，聊著聊著，漸漸探出深淺，三人中大約法眼還可以加把勁開開竅，反正陰天打孩子，閒著也是閒著，正好法眼謅到僧肇和尚肇論「天地與我同根」上，老禪師，當下單刀直入，問法眼，那麼你法眼上座自己，跟山河大地是同根，還是不同根呢？法眼一聽此問，當下腦筋急轉彎，本山僧不上你老頭的當，若照著肇論天地與我同根理路答出，管保，難防暗箭，因此答個「不同」，不料老禪師緩緩的豎起二根指頭，咦，奇也；二指各別，但老禪師卻似乎不同意我先前不同之答案，那麼，二指雖各別，卻同是出自一隻手掌。法眼想想，這次準沒錯，就再改答「同」吧。但，老禪師也未表示可否，又豎起二根手指頭，一語不搭的起身離去，此時風吼雪落，室外一片風雪，室內寂然，祇有六對眼睛，彼此相視，充滿

了不解及困惑。

翌晨，風住雪停，依舊是一片銀色世界，通夜未眠的法眼，跟著二位寶貝朋友，向桂琛老禪師告辭，老禪師頗有禮數，送客至門口，看看滿眼血絲的法眼，再開開他的法眼吧，於是隨意的問道：「(法眼) 上座尋常常說三界唯心，萬法唯識，那麼，請教法師這片石頭是在心內，還是在心外呢？」法眼吃過昨晚的虧，標準答案，照答：「在心內」，老禪師皮笑肉不笑的糗了法眼一記：「行腳人著甚麼來由，安片石頭在心頭」，法眼像吃了啞巴藥，答話不出。決定住下，鬧個水落石出。

法眼住了一個多月，每天裏忙著找答案，但每次呈說自己的不凡見地，都被桂琛老禪師揶揄他「佛法不恁麼。」終於法眼豎了白旗，表白：「某甲詞窮理絕也」，桂琛老禪師終於等到這一刻，當下簡潔的說：「若論佛法，一切現成。」法眼一聽之下，終於把前因後事串了起來，得了開悟，開了自家的法眼。

這部即興禪劇就此謝幕，但，禪在那兒？法眼得到什麼開悟？桂琛大師究竟一直想表達甚麼？桂琛一直想讓法眼明白，真正的禪道，觸目皆是，不假天成，若是經過思索，反而經過二手不是最初。而「天地與我同根」也罷；「三界唯心，萬法唯識。」也罷，都不過是對這種直接的，不是「中古」的，無法言語的高度心靈狀態的一種敘述罷了。但，敘述不過是主體的影子，而非主體，若是執著影子不放，星移斗換之際；影子也就千變萬化

起來，令人愈發捉摸不定，如何能得到真正的禪道真理呢？但是，若是你法眼老哥把這些各形各樣的影子，摸透看遍，一超直入如來地，懂得了其實真正的佛法、禪道，是道道地地的現成的，古人說，山河大地都是如來佛在說法，也是此理，若是真的進入情況，也才真正的能化言語為非言語的了悟，這也堂堂進入「天地與我同根」、「三界唯心，萬法唯識」的密意殿堂。但是，一般人往往追逐影子，忘了自己本具的天真圓明，像本件公案的法眼，能夠碰上桂琛，算是走運，其他二位伴讀，可能就要糊塗一輩子。

電影「閃靈殺手」的男、女二位西洋殺人狂，心頭上日夜擔著個「殺戮」，窮凶惡極，趕盡殺絕。中國的李自成心頭上擔著個「人無一德以報天」，以致於豎起七殺碑，大殺特殺起來，若是這幾位殺人狂，碰到了桂琛大師，轉念之間，冰消了暴力改造社會的心，其實一切現成，當下歇心即是，放下屠龍刀，立地成佛，也說不定。記得，民國初期的來果禪師曾云：「要不殺生，先要把生殺盡才行。」語重心長，慈心具足，也是提醒不論好的、壞的，都不要在心裏擱著，把執著全盤殺盡，心頭清潔溜溜，那裏還有殺不殺生，此恰恰應了桂琛禪師後語「若論佛法，一切現成」，現成的體驗之下，還有甚麼同不同、心內心外的膿語立足的份兒。

一片石頭，硬是擠出個出格禪師，朋友，每當您心頭擱著東西，惱人心弦之際，有沒有想過這重禪案，把

心頭那塊石頭，化爲灰燼，回復原初，以寂然平靜心來
觀待一切?!

一三·潙仰古鏡

袁州仰山慧寂智通禪師，住東平，潙山送書並鏡至，師下堂提起曰：「且道是潙山鏡？東平鏡？若是東平鏡又是潙山送來；若道是潙山鏡，又在東平手裏。道得則留取，道不得則撲破去也！」眾無語師遂撲破。

白話簡譯：

仰山禪師住在東平，潙山禪師差人送上書信及一面鏡子，仰山提起鏡子到禪堂上對徒眾說：「你們說，這是潙山的鏡子？還是（我）東平的鏡子，如果說是東平之鏡，卻是由潙山那裏送來（原本是潙山的），如果說是潙山之鏡，卻又在（我）東平的手裏，你們大家，能說出個道理，我就留下這面鏡子，若是說不出個緣由，我就將它打破了。」徒眾們沒人能說出個所以然，仰山就毫不猶豫的把鏡子打破。

這件公案，在法律人眼中，簡單無比，鏡者，動產也，依《民法·物權編》規定，動產所有權之移轉，以交付為原則。是則多事之溈山老禪師差人送鏡，鏡至仰山手，已然成就贈與，所有權自係仰山莫屬，而後仰山順手撲破，除有損情誼，並無法律責任。這個古鏡，落在佛法裏頭，卻是大有文章，溈山、仰山，一路傳鏡，到了仰山眾家子弟，欠缺祖師智慧，硬是接不下小小一鏡，眼睜睜、苦巴巴的看著仰山摔鏡了事，這裏頭倒底熬著甚麼湯藥？怕打破了藥壺，也未必明白。

　　其實，明裏送鏡，暗裏表態。老溈山禪師一表自己見地，宛如明鏡，纖毫不染，胡來胡現，漢來漢現，孫猴子照鏡絕對蹦不出豬八戒來，我溈山禪道修為如是如是。二則表傳承繼緒，你仰山禪師，也頗出格，特頒證書明鏡一樁，以昭天下。三則警戒，仰山仰山，高山猶且仰止，見鏡當知保任你仰山大德天真無邪自在之心鏡，莫教五毒八風污染才是。仰山見鏡，自是心內明白，心感溈山。繼而思之，古鏡雖佳，未若心鏡，明照古今，洞鑑十方，若具此瑩透心鏡，古鏡未足珍貴。你們這群徒眾，日日照鏡，面面相視，渠正是你，你卻非渠，可有個靈光一閃，電光石火的開悟觸機？溈山鏡，東平鏡，究是誰家鏡？道得出，古鏡可保，心鏡亦現矣！

　　有說：別古鏡、心鏡瞎攪和了。君不見《六祖壇經》裏說得清清楚楚：「明鏡亦非臺」，本來即無一物，只為大家泯除不了貪念，執著個「據為己有」，才鬧得溈山鏡、

東平鏡的扯不清、理還亂，弄到最後仰山性起，把個是非鏡撲破打壞，鏡破物盡，堂上堂下，沒得爭頭，不又南無阿彌陀佛世界大同起來！

　　鏡先在溈山處，再送至東平仰山處，由彼至此，有著距離，亦形成先後排列，時空由而產生。時空縱容人之七情六慾，七情六慾亦扭曲時空，甚至製造無數時空，重疊之餘，衝突之際，人焉得不五毒熾盛，煩惱叢生，對一己之執嗜愈來愈要求矣。而明心見性大師如溈山，自是曉得箇中玄妙，早已粉碎虛空，頭頂三世，腳踏十方，遣人送書及鏡，書則無字天書，蓋書不盡言，言不盡意，有字也當無字解。鏡則亙古恒在，乃無形無色之廓然無聖、體攝萬象的大圓心鏡。書鏡皆表示體空而用，心體自如明鑑，清清晰晰，早已斷除我執，絲毫不拖泥帶水，這個明鏡那裏有什麼張三給李四，李四給王五，也不是打籃球大家搶，搶個人仰馬翻，到頭來球自球人自人，白忙一場，而是自家心體明鏡，人人皆有，只在悟也不悟，覺也不覺罷了。又覺者已有心中寶鏡，那會為打撲個心外凡鏡而傷神呢？仰山打撲，溈山祇有叫好，絕不會埋怨的，再者，仰山碎鏡，也是希望眾家子弟由之感愧，或有所悟，大禪師的用心，往往被揶揄為婆心太過，於此可見。

　　目前，風水上也利用鏡子來改風易水，許多風水大師言之鑿鑿，在室外掛八卦鏡，室內大貼玻璃明鏡，搞得溫馨家園，搖身一變，變為四面皆是高逾人身的鏡牆，

跟舞蹈社、室內運動場差堪比擬，有的更在臥室大布鏡
陣，搞得半夜起床，見到鏡中反影，反嚇一跳，求福反
禍，自尋煩惱莫為此甚！設若溈山、仰山兩位大師，不
辭勞苦，由無方位無執宮中，乘坐超光速遍一切處蓮花
號飛行器，儼然降臨，一見之下，必然會聯袂施出如來
神掌，把這些亮亮晶晶，刹時間粉碎無餘，還他個本來
面貌、大好家園，這時，風也好，水也好，再不作怪，
風平水順，闔府平安、出門大吉矣！

　　以銅為鏡，可以正衣冠。以古為鏡，可以知興替。
以人為鏡，可以正心性。朋友，您的溈山鏡、東平鏡在
那裏?!

一四·道吾千眼

　　雲巖問道吾：「大悲菩薩用許多手眼作什麼？」

　　吾云：「如人夜半背手摸枕子。」

　　巖云：「我會也。」

　　吾云：「汝作麼生會？」

　　巖云：「遍身是手眼。」

　　吾云：「道即太煞道。只道得八成。」

　　巖云：「師兄作麼生？」

　　吾云：「通身是手眼。」

白話簡譯：

　　雲巖（禪師）問道吾（禪師）：「大悲觀世音有那麼多的手及眼，到底作甚麼用？」

　　道吾答：「就好像有人在半夜裏（頭枕著）自然而然的反手仍然摸得到枕頭般。」

　　雲巖：「我懂得你箇中的奧妙了。」

　　道吾：「怎麼講？」

雲巖：「豈不像人全身遍佈的都是手眼一樣。」

道吾：「答得太過強調了，只說中了百分之八十。」

雲巖：「那師兄換作你如何答呢?」

道吾：「若是我答，全身通澈、都是手眼。」

　　流傳在中國佛教中，觀音是千萬人虔信膜拜的對象，漠藏兩地，也視之爲慈悲的象徵。衆生苦難無數，觀音也就化現無數，以各種方式來救度衆生。公案所提的大悲菩薩，具著許多手眼，可以想之爲千手千眼觀世音菩薩。相傳：觀音大士，有回因爲衆生的頑劣難化，見到一個衆生因其救度向上的同時，卻有十個衆生退心墜落，此起彼落，眞是救不勝救，大士想到衆生的無明愚昧、難以敎化，不禁有點兒氣餒，於是乎生起放棄救度衆生誓願的念頭，當下祂的頭就因爲違背了本誓而塊塊破裂，西方極樂世界的敎主阿彌陀佛適時現身，溫言勸慰，再賜法力，用雙手把大士破碎的頭塊一合，赫然現出了十一個頭來，身上也現出了千手千眼的德相，最後嶄新造型的觀音大士又再度欣然踏上救度衆生的不歸路了。觀音的千手千眼造型如何? 到底是十一面還是千面? 如是千面，每面三眼，則有三千眼在頭部，眼睛如在身上，又是如何? 我們實在不必在形相上費腦筋，因爲不見得有標準或令所有人滿意的答案，反而增長了佛教神話層面的誤解。禪宗上常講「千江有水千江月」，難道在地球上祇有千條江水嗎? 抽象的意念，形象化之後，是否以

細緻的心靈重返其知性與感性的本來面目，才更切合本義？看事物祇看表面的人，他的心靈層面永遠祇有二度空間。

密宗中，有著大白傘蓋佛母修持法門，佛母本身是具足了千手千頭，除了每面三眼，計三千眼外，特別的是，在大白傘蓋佛母的身上有無量無數的眼睛，這些眼睛，說是遍身也好，通身也好，卻更有著講究，它們是「斜視、瞪視、閃視、怒視」之眼，如此這般的無量慈悲之眼，以斜、瞪、閃、怒種種方式來怙愛眾生，自然也是採取了抽象的手法來表意。其實，拋開了神、佛層次，用凡夫俗子論，眼睛還真是一種有效的溝通工具，譬如：情人相見，款款深情，須眉目傳遞；又如：長官蒞臨小署，屬下卑然而立，目迎目送，弗敢平視，可謂卑者卑其份，尊者肆其勢，目光自是倨然，似此倒真是拜妙目之賜，使得秋波遞情、迎送之際，拿捏得恰到好處，如果換上一群瞎子來演出上述人生小劇，恐怕就大異其趣，完全不稱頭了。

再說，不光是禪宗，不光是這椿公案，把「遍身手眼」「通身手眼」硬是見下真章，分出高下，就是武術上，也有類乎的說法，在講求槍法的經典之作≪手臂錄≫的邊注載著：「柔腰百折若無骨，滿身一撒都是手」，堪稱進技於道超越了手臂應用的限制，達到全身是手，處處可用的境界，若是真得到了這一步功夫，倒真可以唱唱「笑傲江湖」，做一做東方不敗了。

夜半時分，能夠安然的穩穩睡著，仗著的不是自家手可以摸著自家枕頭，而是一顆坦然的心，通通的、遍遍的、透透的，好貼切，好自在。朋友，您說是嗎?!

一五・趙州四門

　　僧問：「趙州如何是趙州？」
　　州云：「東門西門南門北門。」

白話簡譯：

　　僧人問趙州禪師：「趙州是甚麼(如何才構成趙州這位禪師)？」
　　趙州：「問到我是甚麼，我不過是東門、西門、南門、北門罷了」。

　　偶搭車，路過近年面世之「萬通銀行」，覺得名稱取得好，蓋萬通者，可解爲諸般管道暢通，萬事ＯＫ！亦可解爲任何行業皆須進出此一銀行，是則萬商雲集，自然利市大發矣。俗諺云：「條條大路通羅馬」，其旨亦在勉人多方而行，勿汲執一途，僵硬不化，路子要多，並且通達，才能夠發生作用，處事當窮則變，變則通，通方能久，世道如此，禪道豈不亦然？否則趙州老人爲何

會說四門即趙州的話？

　　但是，趙州古佛似乎有點兒滑頭，答非所問，直同雞同鴨講。但細細想來，趙州不愧爲趙州，簡簡單單一句答辭，藉著人名、地名的同音異義，作了極其戲劇性、別饒創意，卻又樸實無比、周身大用的表意，這就是功力，也是趙州大師見地高高在上的理由。

　　同爲趙州，一城一人，即心即色，色心互具矣，趙州人是爲全身大用之人，趙州城爲眞空般若之城，城即人，人即城，二者無殊，是爲不二。四門平等，皆可直驅而入，一窺內奧，復隱表四智（大圓鏡智、妙觀察智、成所作智、平等性智），趙州老人城，巍巍不動，歷千秋而弗毀，法界體性智也。

　　昭昭然洞燭天下之趙州古城，四門通開，任衆生出入，晝則神天人畜，夜則魑魅魍魎，古城無分尊卑，一體同納，「至道無難，惟嫌揀擇，但莫憎愛，洞然明白。」是則同歸祖師禪也。而老禪衲卻依然故我，任他風霜雨露日炙，每日裏總是寂然不動，吃飯、穿衣、睡覺而已，正是一種情懷，泯然看透世間，半點禪意，四門任君出入。講到這裏，卻有個仔細，趙州般若城，進入未必見得功夫，還要能夠全身出來，才是本事，要進出一如，不增不減，才透得過趙州四門關，才得略登趙州老人心奧之堂。

　　有時候，想不開，執著得很，對外交際完全封閉，心靈一片漆黑，活像一座黑黝黝、四門緊閉的死城，充

其量在城牆四周，祇有數隻兀鷹盤旋。任他人再三殷勤的勸請，溫婉的敲擊著心扉之門，四門因已為貪、瞋、癡、慢四把鐵閂緊緊閂住，自是相應不理，此際，每日裏，像個死活人，雖生猶死，又像是活死人，像煞活過來的死人，那有絲毫盎然生意，頭頂一片藍天，早為烏雲遮畢。於是乎，愈失意，生命的灰暗路途愈由之相繼而生，自尋煩惱的後果，往往如此。

若是，猛得一頓念，回回頭，拼力把緊閉的心扉，扯開一條縫，讓一絲陽光送進，死城就有希望變成活潑潑、穩當當，方方透透的趙州城了。人人有座玲瓏趙州城，請用心找一找，一輩子受用，您若是掙擠不出這一丁點兒的念頭，水晶城池的晶瑩透澈就永遠埋在一灘死水中了。

一六・不雜用心

問:「十二時中如何用心?」

師曰:「汝被十二時辰使,老僧使得十二時。」

乃曰:「兄弟莫久立,有事商量,無事向衣下坐,
窮理好。老僧行腳時,除二時粥飯,是雜用心處,
除外更無別用心處。若不如是,大遠在。」

白話簡譯:

　　有僧人請教趙州禪師:「請問在一天(日夜)十二個
時辰中,如何調適自己的心(意識)?」

　　趙州:「你被十二個時辰所控制;我呢,則調御得十
二個時辰。」

　　趙州又解說:「小兄弟不要楞在那兒,有什麼領略,
可以說出來,大家體會體會,如沒有,最好還是規規矩
矩的定心靜坐,來參究禪理的好。想當年,我在各處參
訪的時候,除了每天二頓飯的時間,顯得有了一處雜用
心的模樣,除此之外,心(意識)可以說是再沒有受到

其他的影響了，你如果不是像我這樣的修證，那麼對了達至高禪道還是隔得遠遠的。」

　　時間可以創造一切，也可以湮沒所有。朝青絲，暮白髮，滔滔江海不絕流，且問古今賢聖，今人記得幾許？人生在世，賢或不肖，既便不食、不眠，所得利用之時間，亦不過數十寒暑，況乎食、睡之餘，游心多藝，寄寓聲情，則用心必雜，冀求純一圓白，別無雜用心，難矣。

　　趙州老人，則不然。他支配住了時間，而不爲時間所凌遲，哀哀至死方休。這位老古錐，念念不爲外境所動，盡大地是趙州沙門一隻慧眼，那管他旭日西墜又東昇，宛如列子之御風飛行，如如游行於時間之海矣。每日二餐雜用心，不過爲體順世俗，那裏是眞得雜用心，豈不聞：一佛一切佛，一眞一切眞。若是拖泥帶水，含混夾帶，則趙州何堪以爲趙州，又焉能大放豪語消遣得十二時？

　　記得某次，興沖沖的隨一出家師父，赴梨山掩關修行，因係首度，興奮之情溢於言表，途中，師父似笑非笑的說：「到時，你會覺得時間太長、過得好慢」，我當時洒然一笑置之。可是，等到翌晨正式起修時，師父的話應驗了，我先把密宗四加行的功課震天價響、煞有其事的作了一通，看看錶，老天，才過了一個多鐘頭，一顆心愈來愈浮，口乾舌燥、腳軟筋疲之餘，祇希望時針、

分針甚至於秒針，多賣點兒勁，跑個飛快。上午難過，下午更難熬，既疲且睏，盼到金雞西墜時分，人也已呆若木雞了，待吃晚餐就像是嬰兒湊到奶瓶子再也捨不得放下。自然，我是中了時間之魔障，分分秒秒爲其所轉，轉到末了，心裏頭堆滿了爛傢俱，上山掩關，冀求突破，反而背了一籮筐的葛藤回家，眞是愚昧加無知，冤得可以了。

美式英語中有「殺時間」（killing time）一語，人有時眞是無聊到頂，除了把自己養的白白胖胖之外，就是祭起種種的法寶如：打長聊電話、嗑閒瓜子、窮喝老人茶，甚至於無事打孩子等，把時間一段一段的「殺死」，這種玩法，到後來，被殺死的不是時間，怕是自己的一生。想想，多少有點划不來。但，有的人卻「有聊」的緊，恨不得分身有術，一天當二天來用，每天裏應酬、開會、展業，衝天大志欲望滿天，巴不得即刻得以功成名就，光宗耀祖一番。到頭來，吃不知味，寢不知覺，每日裏惶惶然寵辱皆驚，猛回首，兩鬢已然半斑，祇落個門庭冷落，甚且一軀病體，腦袋裏頭一點有深度、有營養的東西都沒有，半生的光陰，就這樣的白擲了。

藥師琉璃光王如來的座下，有十二位藥叉大將，因爲景仰藥師佛十二大願的慈悲，在佛前立誓，願意率領眷屬護持藥師經典及其信衆。這十二位大將，不妨將他們看成十二個時辰的守護者，在十二個時辰中，嚴密的守護著信徒的心志，使他們能有藥師佛的身、語、意，

時時刻刻散佈著無邊無際碧藍色的佛光，普耀著宇宙，更能以種種善巧方法來導引迷途的眾生，回歸到正道。而我們更可以將十二大將，看成是大醫王藥師佛佛德的顯現，祇要我們一心的斷除凡夫的劣習惡行，以藥師佛的願行為目標，總有一天，我們也會和趙州老人一樣，轉得十二時，在十二時中如如自在的。

藍天如洗，翠綠盎然，朱牆碧瓦依舊，祇是人事已非，過去的日子能再回來嗎？朋友，要趕緊掌握現在才是！

一七・三等人法

眞定帥王公，攜諸子入院，師坐而問曰：「大王會麼？」

王曰：「不會」。

師曰：「自小持齋身已老，見人無力下禪床。」王尤加禮重。

翌日，令客將傳語，師下床禮受之。侍者曰：「和尚見大王來不下禪床，今日將軍來爲甚麼卻下禪床？」

師曰：「非汝所知。第一等人來，禪床上接；中等人來，下禪床接；末等人來，三門外接。」

白話簡譯：

　　眞定地方的王總指揮官，帶著眾子進入寺廟內院，到趙州禪師禪室，趙州僅安坐在禪床上，問王總指揮官：「大王您如實的知會了嗎？」

　　大王：「不知會。」

趙州：「我因從小就持守齋戒，如今已年老，看到客人卻沒有力量下床來迎迓。」王總指揮官聽了卻對趙州更加禮敬尊重。

第二天，王總指揮官命令一位部將去傳遞口信，趙州卻下禪床來很禮貌的納受。趙州的侍者問：「先前大王來時，您都不下禪床，今日不過是他的下屬部將來見，您卻為甚麼反而要下禪床呢？」

趙州：「這箇中的道理，不是你的境界所能了解的。（根器）第一等的人來見，我就安坐在禪床上接引；（根器）中等的人來，則下禪床來接引；（根器）下等的人來，那就要在三門外接引了。」

明朝紫柏大師達觀，曾自敘：某次，與二三法侶納涼於龍泉寺，田侍御及鄒、鍾二位司馬俱來問法，達觀禪師應機率性，適忤鍾司馬，司馬大怒，威作百態，達觀後自慚未能以慈心三昧攝伏之，終有愧焉，並謂使鍾君再與之邂逅，其必為春風主人矣。惜司馬即世早，無及此緣也云云。誠然，上士聞道，勤而行之，中士聞道，若存若亡，下士聞道，大笑之而已，蓋若不笑，道則不足以為道，亦無足以顯彼輩之愚癡矣。達觀大師，一代高僧，禪功深厚，於另文中，猶有「披髮入山易，與世浮沈難」之慨，等而次之者，何堪道哉。

但，反觀趙州大師，卻另有接人手段，顯得善巧，做得絲毫不見斧鑿之痕，如月落中天，恰當而已。其三

等接人，率眞而未顯其魯，圓融卻不失之於僞，能轉每日十二時辰之古佛趙州，著實個篤然不動，應感而通，待人接物，無處不是由自性流出，絲毫未見尷尬，反多贏得幾分尊重，但是，趙州的高明，究竟在那裏？

先，趙州穩踞於床座，正如《法華》所云「坐如來座，披忍辱衣」，方眞常流露、遍體流行、周身大用之際，一照會到王公，便道：「大王會麼？」是問語亦爲證印語，刹那之刹那，二人已然交心，宛如沙場搏命，槍槍見血，早判下眞章，待王公云「不會」，王公之「不會」不是眞個不會，否則趙州不會再遞出後頭的客套話，唯看是客套，卻語語見的，露著大師的神采，明是身老無力多所怠慢，其實表明自己戒德解行從來一貫，不必作意待客。彼二相對，有若函蓋相合，不足爲外人道，亦何能爲外人知也，趙州所謂「第一等人來，禪床上接」，不離本體，逕自交心，就是此意，永嘉大師「上士一決一切了，中下多聞多不信」可爲參互。

趙州的心齋，化爲禪室，在現象界如幻的顯現，末等人未階心齋之門，就祇有在三門之外接引一番。至於中等人，雖較堪教化，未能當下法性相契，也祇好勞動趙州老僧，下得如如不動自性本淨的法座，多費一番手腳來提攜提攜了。

世間道的「坐、請坐、請上坐，茶、喝茶、請喝茶」三分待客法，固然道盡世態，而在涵融世間、出世間法的佛法，卻也有著三分法則的運用，如阿底峽尊者，在

其偉著《菩提道燈論》中即有上、中、下三士道的分類，後更有黃教宗喀巴祖師在其鉅著《菩提道次第廣論》《菩提道次第略論》中，鉅細靡遺的廣闡三士道，上二位祖師之分類，是以有沒有眞正發啓「菩提心」來作標準。眞正體證至高禪道如趙州者，自然具足菩提心，但旣便如此，仍須對症下藥，依著人的根性來善巧接引，平頭鄉愿式的平等，自爲高明的禪師所不取。

中人者，不足以語上，夏蟲語冰，總搔不到癢處，若有人對趙州老人的三等接人法，以爲是依地位尊卑反其道而行，那倒是該先請他在三門的三門外站上三天三夜，再敞開胸懷給他劈頭一棒了，打死了活該。

朋友，您的心齋在那裏？

一八・洞山寒暑

　　僧問洞山：「寒暑到來，如何迴避？」

　　山云：「何不向無寒暑處去。」

　　僧云：「如何是無寒暑處？」

　　山云：「寒時寒殺闍黎。熱時熱殺闍黎。」

白話簡譯：

　　有僧人問洞山禪師：「當面臨到寒冷及酷暑的時候，應當如何的去迴遮躲避？」

　　洞山禪師說：「那你爲甚麼不待在沒有寒冷及酷暑的地方去。」

　　僧人問：「沒有寒冷及酷暑的地方何在？」

　　洞山禪師：「寒冷的時候冷透凍澈你老兄，酷暑的時候熱透熬盡你老兄。」

　　這宗公案，乍見之下，似與氣候有關，古人對於寒暑，自不若今人有冷氣暖室抵禦，是以發而爲問，希望

禪門大師悲心流注，賜予妙方驅寒避暑，其實不然。蓋禪門問答，向來走得是抽象路子，此處之寒暑，自當與氣候無涉。寒者，心靈之中屬陰柔性質之障礙；暑者，心靈之中屬陽剛性質之狠毒，兩相夾殺，搞得人善善惡惡，永遠難以超凡入聖，高人一等，鎮日裏像個夢遊患者般，沒眞正清醒過一分半秒。

洞山禪師，眞個是目光如雷射，刹時洞穿寒暑毒山，老人家徐徐曰：「何不向無寒暑處去」，對啊，北方人有句話：「我惹不起你，躲你總可以吧！」但，話是句好話，卻當不得眞，蓋落不得實用也。僧人就是找不著自心淨土，才遭寒暑侵凌，若是已然知津，何必苦求擺渡。好個洞山老僧這才見僧人入其掌握，可以引領一窺堂奧，遂正經八百地說：「寒時寒殺闍黎，熱時熱殺闍黎。」忽聞此說，眞又是嚇人不止一跳，像此禪門提撕敎化的話，豈不是活像病人生了瘧疾，藥方卻是「您打擺子就冷死您，您不打擺子，就熱死您」，這算是那門子的高僧開示？

其實，不然，洞山洞山，眞個高明。所說「寒時寒殺闍黎，熱時熱殺闍黎」，在於曉諭僧人，遇著任何心靈上之障礙，切莫「眞」以爲有障礙，如喪考妣般的避之大吉，而眞正的迴避大法，卻是與之對面相覷，目不少瞬，水來，水裏去，火來，火裏遊，刹那的照面之下，已然窺透了寒暑二魔，還他個春陽點露，娑婆淨土矣！〈證道歌〉中說得好：「……但自懷中解垢衣，誰能向外

誇精進，從他謗，任他非，把火燒天徒自疲，我聞恰似飲甘露，銷融頓入不思議，觀惡言，是功德，此即成吾善知識，不因訕謗起冤親，何表無生慈忍力……。」就是再三再四的直指出不要作次等禪門公民，要作一個頭等的禪國總統，面對任何的困厄，都是無憂無懼，履險如夷的，〈證道歌〉另云：「假如鐵輪頂上旋，定慧圓明終不失」更足為佐證。

　　中國武術八極門宗師神槍李書文先生，雖身材短悍，但一生中毫不懼敵，每每剋敵於短兵相交須臾之間，其門人詢其心法，李宗師云：「當對手運足勁力，意欲拼力一搏之際，看似極為剛強，亦是最極脆弱，就像繃緊之綢布般，祇要善巧的用小刀片輕輕一畫，立時裂為二片，因此我們祇要心中勿懼，勿存躲避之心，以冷靜的心思、斷然的手段來應付，沒有不得心應手，旗開得勝的」，是的，我們處在五花八門的今日社會，難免感到力不從心，甚且困難重重，與其作個縮頭烏龜，苟安一時，還不如挺起胸膛，冷冷靜靜的，慎思熟慮的，把自己的立場先站好，原則把持住，寒來也好，暑逼也罷，學學洞山老禪師總是讓它來個水火濟濟，當下自安。

　　走筆到此，不禁又想到前文所提之陰柔的障礙，其實這些煩惱，多是自心生出的，石頭無際禪師說得好「切忌言清行濁，利己損人，暗中箭，肚中毒，笑裏刀，兩頭蛇，平地起風波，以上七件須速戒之，福德無量」，真個件件陰毒，暗暗的害人，最後卻把自己斷送。朋友，

您的心中到底有幾件陰毒，趁早自我診治診治，免得遲了，毒蛇滿腹，連人形怕也難保了！

一九・雲門獅子

僧問雲門：「如何是清淨法身？」

門云：「花藥欄。」

僧云：「便恁麼去時如何？」

門云：「金毛獅子。」

白話簡譯：

僧問雲門禪師：「要怎麼樣才了解清淨的、無形無象的佛家最高的真理呢？」

雲門禪師順口回答：「就像圍的好好的牡丹花類的花圃一樣。」

僧人有此領悟，再問：「那麼，了解這箇中所蘊含的真理後，要如何的斷去對這個了悟的執著呢？」

雲門禪師回答：「其實這個了解及去掉執著，就像『金毛獅子』一樣。」

這段公案，僧人是個了僧，不管末了對「金毛獅子」

的譬喻有幾分了悟，是否陰符雲門心印，在前頭對話，這位無名的禪師倒顯出些智機來。

僧人用語言文字來問非語言文字所能完全表達的抽象的、至高的眞理「法身」，問是順嘴而出，答呢，卻似乎不那麼容易。但是，想像中，雲門禪師，晏然的坐在禪床上，方游心於無上的三昧之中，忽聽此問，瞥目當下，見著窗外花團錦簇的牡丹花圃，就輕輕順順、平平易易的道出了「花藥欄」三字。噫！誠然妙喻，蓋欄圍齊整，堪稱規矩，圃內群芳競艷，綠葉盎然，時而微風徐敷，生意自是曼妙，有形的花、葉、欄圍，透著無形的艷麗、盎然、生意，伴著微風、夕照，好一片詳和，恰到好處，這個無形盎然生趣、流艷亮麗，就是「法身」，在宇宙間的每一宗事物，都如影附形的顯露出來的宇宙至高無上眞理。雲門妙指，僧人也不含糊，當下的當下，似有所悟，否則也不會說出「便恁麼去時如何」這麼營養有味的話來。

提到金毛獅子，大約對漢地佛教中華嚴宗有興趣者，多會聯想到法藏大師的〈金獅子章〉。傳說中，法藏曾爲武則天宣講華嚴宗的〈天帝網義十重玄門〉，武則天對於這些由《華嚴經》中演繹出來的理念，一時沒法了解，茫然以對，而法藏大師，靈機一動，就指著皇宮前鎭殿的金獅子，用極其巧妙的比喻，來說明佛教「法身」的理念（狹義言，在於說明華嚴宗以爲的「法界」理念），而這頭金獅子，由於法藏淋漓盡致的說明，幾乎變成「法

身」（法界）之象徵，活生生的吼現在眞理的雲端了。

到底本椿對話是禪宗公案，不是華嚴宗的公案，不必對於「金獅子章」鉅細靡遺，一一根究。但不妨抉要以思，藉之有所發揮。法藏大師用金毛獅子來說明事物及道理可以相互函蓋，而不相妨礙的道理，像金色是獅子體性的本質，不論由獅子外觀上不同的眼、耳、鼻、身甚至於身上的毛髮，在本體上都是黃金色的，但是在相同的本質體性，卻又各因其用途，有不同的外在形象存在，彼此這種體、相關係，其實不是對立的，反而相容、相成、相依的，甚至於是濃得化不開，即本體、形象甚而用途，根本沒有辦法用人爲分類法則來劃分清楚，金獅子的體性、外相、用途本身自然的，即是最終、諧和、一體的不可分，這種境界就叫作法界，而內中所存在的等同法界的眞理的另詞，就是「法身」。

雲門的金毛獅子，是體用合一的，更是靈光獨耀，迥脫根塵的，當僧人問旣已領悟「法身」道理，又要如何「收（斂）」呢？雲門的金毛獅子，是最佳見證，蓋遍體是金，正「法身」體性，周身金毛，形同八萬四千法門，而皆根源於身，本質仍係平等金性，自然「收」於一身，刹那之刹那，當下之當下，一見金毛獅子，體、相、用，宛然一體，一切現成，不動金獅子，踏破須彌山，未聞獅吼，已介然喪魂。雲門簡答之中，自是抽髓入腦，進而後出，全然不滯，還復宛然，還僧人一個活生生、亮透透，全身毛髮各異，金性皆同的踞地獅子。

身處社會，每日動容周旋，總感窒礙難行，前些時，觀電影「青少年哪吒」，由該片情景，深感目前社會上青少年的無奈，不僅青少年，似乎無力感普植在大家心中，感到道理儘管高調，但實際上，卻是人各異志，事事相悖，說什麼「金毛獅子」「花藥欄」，實際上全無實用，禪門的話，祇得作消遣，當不得真用途，不然的話，在現實的世界裏，套句青少年的話：「你會死得很難看！」朋友，您是這樣想嗎？凡事不由義理上着眼，靜心思考，更不去溝通、協調，盡量求取一致和諧的方式，硬是處處梗阻，灰心喪志，全憑一己情緒上的反應來肆應，這樣子，會讓您在現實的社會中更好過嗎?！

　　我們何其榮幸，生活在現代，享受著若干以前王侯將相都沒有的生活，但也何其不幸，要嗅著生活品質中腐朽的氣味，這股子氣味，掃之不去，如附骨之蛆，日夜令人在失落、無力感之餘，增添一份棘心。朋友，您是願意相信，這個世上有一種超出世間所有道理的真理，可以把世上所有的紛亂現象整得井然有序，還是頹然的日復一日，年復一年在埋怨、牢騷中度過一生?！

二〇・雲門示衆

雲門示衆云：「藥病相治，盡大地是藥，那箇是自己？」

白話簡譯：

雲門禪師有一日向僧眾開示：「醫藥是用來對治疾病的，諸位啊，盡大地都是醫藥，請問究竟那個是你自己本身呢？」

大禪師如大醫王，但凡請益，應症與藥，登時心病消解，成了立地菩薩。山河大地、鳥語花香，那一件不是宇宙真理的縮影，世間至道的顯現。西諺有云：「一沙一世界，一花一如來，無限盡在握，永恒剎那間。」也強調靈方妙藥遍處俯拾即是，問題是那位自以為患重病的老哥，究竟在那裏？

雲門禪師慨然曰：「那個是自己？」昨日已逝，今未如何定限，昨日之自己，意氣紛飛；今日之自己宛如喪

家之犬；未來之自己，更是另態。試問，那一個是真正的「自己」？即便盡大地是黃金，無手之人如何捧接？老禪隻眼觀大千，慧光獨耀，迥脫根塵，祇嘆眾生愚癡，遍地覓寶，不知自家即是發行鈔票無量之中央印製廠；更嘆眾生，不知祇要返自本心，將自己的執著徹底搗碎，但離妄緣，即如如佛，這麼簡單、直截，一了百了的道理，不好好的體會，卻鎮日頭痛吃阿斯匹靈，咳嗽吃川貝枇杷膏，吃上一肚子膏藥丸散，反成了藥簍子，病魔煩惱更輪著班的來套交情，有夠窩囊。

藥病相對，藥來病去，設若無病，何需良藥。佛說一切法，為醫一切病，我無一切病，何用一切法。每天時時提撕自己，行正道，處正人，無入而不自得，竭一己之力，忠恕待人，則非但盡大地是藥，自家本身更早已變成了濟世之良醫妙方，佛法上說甚麼因上八萬四千種病，果上四百零四病，早就悶聲不吭地逃到爪哇國去也！

民國時期的理教實踐者王鳳儀善人，自述早年悟道經過，乃因緣湊合，深刻有感於「凡人爭理，聖人爭不是」，行於夜路，反覆思維，聖賢但自反省己身之種種過失，遇事總先自省，而凡夫俗人，卻心浮氣騰，據一隅之偏理，爭一時之勝場，此亦聖之為聖，凡愚之所不能及者，王善人，一路思之，不覺自心心光顯現，夜路變明，原來自己多年愚昧徒知爭攘，不知謙悔自修之理，返家後，睡眠中猶然喜不自禁，一覺醒來，身上多年之

不治之瘤，已然脫落，瘤疾已不藥而癒。要之，祇要自己真心奮起，努力向上，套句禪宗六祖慧能大師所云：「心平何勞持戒。行直何用修禪。恩則親養父母。義則上下相憐。讓則尊卑和睦。忍則眾惡無喧。……」則生理病、心理病，都會清潔溜溜，蕩然無存。

再者，藥亦病，病亦藥矣！此理恰如砒霜可害人亦可救命，端看如何調和，世上那有一定永遠一成不變之藥與病，知病而改，善莫大焉，執藥不化，反成重厄。如能把自我之執，化成關愛他人，淤泥定生紅蓮；如能把他人之病，視為自己之病，則盡大地是良方，自己也與大地合成一體，蓋大地長養萬物，負載一切，任人踐踏，卻毫無怨言，這般胸懷，堪稱藥中靈芝，應該想法培養在自己腔子中，讓它發芽茁壯。

有人說，鬧了半天，歷代中禪師，有的還是重症索命，甚至於慘死非常，非但不能轉病為藥，反而吃了半天藥，仍然一命嗚呼。準此，病亦藥，藥亦病之說，豈不烏龍？非也！蓋禪門重悟，一旦悟透，病即非病，何須進藥，但仍順應世間劇場演出罷了，頃刻之間鑼鼓休，自知何處為他鄉。像中國歷史上的聖僧玄奘大師，解、行及譯經事業，超邁絕倫，老病，仍用湯藥，乃至辭世，不過係大師至彌勒菩薩處重新學習之開始而已，正是：為順世情，暫用世間藥，心中無病，早晚登淨刹。自然啦，雲門禪師所說的病，不是單純的病痛，而是泛指一切煩惱、困厄，本文若是沿閱到此，連這點都無法體會，

倒眞是病入膏肓，群醫束手了。

　　朋友，至道無難，唯嫌揀擇，算算我們每天裏事事挑精揀瘦，生出多少抱怨，埋下多少不滿，能不能把這些病根，連根拔起，猛火燒盡，作一個嚴己寬人、時刻反省處處先爲人想的君子人！

附錄

　　心病需心藥來醫治，明代的理學家羅近溪先生，對著水鏡閉關默坐，期使心與水鏡無二，久而久之，竟修成心火之疾。後來偶過僧寺，見到有急救心火之布告，以爲碰到對症的醫生，入內方知乃是顏山農先生借寺講學罷了。近溪自述其不動心於生死得失之故，山農則說他是「制欲」，而非「體仁」，而誠以「勿妄疑天性生生之或息」，近溪聽了，如大夢初醒，不久病即得癒。後來，近溪四十六歲那年又大病，恍惚間見得泰山老人，問道：「君身病稍康，心病則復何如?」近溪愕然之餘，老人又曰：「人之心體，出自天常，隨物感通，原無定執。⋯⋯君今謢喜無病，不悟天體漸失，豈惟心病，而身亦不能久延矣。⋯⋯君今陰陽莫辨，境界妄麐，是尙得爲善學者乎?」一席話，令羅近溪驚起而汗下，從是執念潛消，血脈循軌（詳請參閱程兆熊先生《大地人物》是篇）。姑且不論佛家八風如何的擾人淸寧，即便意氣之爭，劍拔弩張之際，最後往往弄得人財皆損，悔不當初，寒山子說得好：「我見世間人，個個爭意氣，一朝忽然死，只得一片地，闊四尺長丈二，汝若會，出來爭意氣，我與汝立碑記。」我喜歡讀《寒山拾得》的天台詩偈，即在於他

們以高超的禪智慧，明裏遁世，暗裏卻在詩文裏流露出看破世情，悲天憫人的情懷，不是嗎?！喜、怒、哀、樂不由正途，不知自然調節存全之道，流於意氣任事，久而久之，靈臺必然蒙塵，心性未致中和，處事乖戾，奮發向上之生機絕對不足，最後導致身心兩頹，豈不晚矣。

唐朝的大禪師石頭希遷和尚，有副心藥方傳世：

唐·無際大師心藥方

大師諭世人曰：凡欲齊家、治國、學道、修身，先須服我十味妙藥，方可成就，何名十味：

好肚腸一條。慈悲心一片。溫柔半兩。道理三分。信行要緊。中直一塊。孝順十分。老實一個。陰騭全用。方便不拘多少。

此藥用寬心鍋內炒。不要焦。不要躁。去火性三分。於平等盆內研碎。三思爲末。六波羅蜜爲丸。如菩提子大。每日進三服。不拘時候。切忌言清行濁。暗中箭。肚中毒。笑裏刀。兩頭蛇。平地起風波。以上七件須速戒之。福德無量。

此前十味。若能全用。可以致上福上壽。成佛作祖。若用其四五味者。亦可滅罪延年。消災免患。各方俱不用。後悔無所補。雖有扁鵲盧醫。所謂病在膏肓。亦難

療矣。縱禱天地。祝神明。悉徒然哉。況此方不誤主顧。不費藥金。不勞煎煮。何不服之。偈曰。此方絕妙合天機。不用盧師扁鵲醫。普勤善男並信女。急須對治莫狐疑。

明朝禪密經教皆通，四大名僧之一的憨山大師撰有〈醒世歌〉提及心藥「一劑全神平胃散，兩鍾和氣二陳湯」，通篇很值得深思，錄於下：

明·憨山大師〈醒世歌〉

紅塵白浪兩茫茫，　忍辱柔和是妙方。
到處隨緣延歲月，　終身安分度時光。
休將自己心田昧，　莫把他人過失揚。
謹慎應酬無懊惱，　耐煩作事好商量。
從來硬弩弦先斷，　每見鋼刀口易傷。
惹禍只因閒口舌，　招愆多為狠心腸。
是非不必爭人我，　彼此何須論短長。
世事由來多缺陷，　幻軀焉得免無常。
吃些虧處原無礙，　退讓三分也不妨。
春日纔看楊柳綠，　秋風又見菊花黃。
榮華終是三更夢，　富貴還同九月霜。
老病死生誰替得，　酸甜苦辣自承當。
人從巧計誇伶俐，　天自從容定主張。
諂曲貪瞋墮地獄，　公平正直即天堂。

麝因香重身先死，蠶爲絲多命早亡。
一劑全神平胃散，兩鍾和氣二陳湯。
生前枉費心千萬，死後空持手一雙。
悲歡離合朝朝鬧，壽夭窮通日日忙。
休得爭強來鬥勝，百年渾是戲文場。
頃刻一聲鑼鼓歇，不知何處是家鄉。

清‧方內散人〈養心定性丸〉

心藥之方，但愁不足，多多益善，再錄清代方內散人警句於下（如欲窺全豹，請閱《南北合參法要》，自由出版社）可與無際大師方並美。

散人云：「身病易醫。心病難醫」「服藥須忌口。聞師友訓誨。讀先哲格言。服藥也。體諸身心。驗諸實踐。忌口也」「吾人諸病猶易拔除。惟葛籐好名之病不易除。……此一病也。淺之爲富貴利達之名。深之爲聖賢君子之名。深淺不同。總之爲大病。此病不除。即謹言慎行終日冰兢。自始至終。毫無破綻。亦總總瞻前顧後。成就此名根。爲病愈深。死而後已。此膏肓之病。盧扁所望而卻走者也……。」

「但治病有四等病。病癥結者宜攻散。病狂悖者宜鍼砭。病積滯者宜消導。大病去而本元未復者。宜大補。正心攻散之劑。治癥結也。敦倫鍼砭之方。治狂悖也。

性學消導之法。治積滯也。元功大補之湯。亦曰續命湯。治本原未復也。四者不容缺一。然大病初除。而餘邪未盡。驟用大補。恐致夾邪。復滋反覆。宜用調中理氣法。先服養心定性丸。一曰立志味苦入心經。治委靡因循搖奪諸證。令人專一。強筋骨。久而不變者良。二曰絕慾味鹹。專補腎經。固精益髓。壯元陽。久服令人長壽。交心腎。閉而勿泄者良。泄即無效。一法擦腎堂。摩小腹。極熱爲度。可保勿泄。三曰細心味辛。益智慧。除迷惑。久服能開悟性。通元奧。四曰忍耐味淡無氣。入火不燃者良。平肝火。瀉心火。除煩燥。解瞋怒。和平定性。中宮要藥。服之令人廉靜寡慾。以三自反製之。兼治橫逆外感雜症。五曰忘己味甘。滋五臟六腑。通耳目喉舌四肢。無人我者佳。先以四勿湯洗淨。能治視聽言動非禮諸病。再以四絕湯泡製。能杜意必固我之根。久服則私欲淨盡。天理流行。心性中聖藥。六曰養氣性溫。鼻息出入者爲後天氣。藏于氣海者爲先天氣。異名同根。出元關祖竅。周行經絡。通任督。常依心君神火。能成大丹。忌情欲過則消耗。惡暴喜靜。勿忘勿助製之。由調息以至眞胎息者效。共藥六味。主人翁採辦道地。入心齋神室。依方虔製。誠意爲丸。光明子大。每早二丸。中和湯化服。不拘劑。」

朋友，徧處是心藥方，您的心病在那兒？攤出來瞧瞧！

二一・布衫七斤

僧問趙州：「萬法歸一，一歸何處？」
州云：「我在青州作一領布衫，重七斤。」

白話簡譯：

　　有僧人問趙州禪師：「現象界的所有事物，都可以回歸到一（心），一又回歸到甚麼地方？」

　　趙州回答：「這個麼，我曾在青州作了一套衣服，有七斤那麼重。」

　　一領布衫重七斤，帶動萬法，趙州老禪，穿在身上，安在心中，不重不輕，倒頭大睡是它，臨堂開示是它，破口胡謅也是它，趙州趙州，人稱古佛，一盞心燈，燭耀天地，卻為何答非所問，令人眼鏡跌破數副，猶然一跤栽倒在趙州城前，莫辨東西。

　　宇宙之萬象，縱然紛擾，卻可歸於一心所攝，誠所謂一點真心照太虛，森羅萬象影現中。但，此一真心，

仍不可繫念，更不可執拗，那麼，借問「一歸何處」，這一問，問得要緊，也問得難以迴避，可見得僧人成算在胸，當仁不讓，卻殺得趙州，硬要在無二中說無二，漫天胡謅中顯出真正禪家活人的手段，趙州的高明往往亦在於此，但，老禪師的格外苦心卻也需會心人，如同好的電腦軟體程式，要好的硬體設備一樣，否則，非但血汗白流，尚且會被譏為不識根器。

曾聽某大師講演，謂有的公案禪味無窮，而本公案，卻是乏禪可陳，趙州老禪師脫口秀出，不必認真，更不必費心苦參，參得頭來猶然是滴慧不生，因為：「我在青州作一領布衫，重七斤」怎麼端詳，也不是句稱頭話。這句答非所問，稱不稱頭，唯趙州與僧人心知肚明，暫置不論。其實，不妨換一角度，由趙州大師的心理狀態切入，趙州心靈自已高度開發，一位高高山頂卓立之智者，缺乏同層次傾心論交之友，毋乃孤獨乎！天下文化出版公司出版、張定綺譯《心靈地圖》一書中說得很明白：「……隨力量而來還有一個問題：孤獨。從某種角度看，擁有心靈力量跟擁有政治力量很相似。心靈發展接近顛峰的人就像權傾天下的人，他們不能推卸責任，不能諉過，也沒有人能教他們該怎麼辦，甚至沒有一個層次相當的人可以傾吐內心的壓力和痛苦。其他人或許可以提建議，但決定大權仍在你手中。一切都由你一個人負責。由另一種角度來看，心靈力量帶來的孤獨感猶勝於政治權力。政界當權者至少還可以跟心智相當的人溝

通，總統與國王身邊還是有一群朋友或諂媚逢迎者，但心靈能力高到無所不知的人，生活圈裏卻找不到相同水準可以談心的人。」

「《聖經》四福音中一值得注意的主題就是基督經常因爲沒有人眞正了解祂而感到沮喪。不論祂如何努力，如何擴充自我，祂還是連把自己的門徒的心靈提升到跟自己相同的層次都無能爲力。最聰明的人會追隨祂，但趕不上祂，祂的愛也不能使祂免於一人領先、踽踽獨行的孤獨感。所有在心靈成長的道路上走得最遠的人，都會嚐到這種孤獨滋味。」不錯，趙州老禪師的高潔心境，旣便不孤芳自賞，一般人也頗難了解，因之當學僧問：「萬法歸一，一歸何處」，乍聽之下，裏子面子，都富麗堂皇，但慧心趙州，卻已然鑑破這個僧人，不過是個虎牌萬金油，「唬人」罷了，饒你苦口婆心奮力十棒百棒，恰如蚊叮鐵牛般，絲毫著不上力，兩顆心根本就搭不在一塊兒，因此，也就雲淡風淸的說：「我在靑州，作一領布衫，重七斤。」索性來個無解之解，起碼破了僧人的浮誇不務本分，冀其猛回頭，先由如何得以「萬法歸一」細細參起，不也是功德一件嗎?!

明朝的大禪師紫柏大師與憨山大師，有一回邂逅，雙方心靈交會，放懷暢談，竟談了四十日，引爲平生快事之一。的確，禪的境界，旣孤獨又滿足，對自己一言一行，謹愼將護，極端的自愛，但卻又能同時泯卻私我，返璞歸眞，與萬化同遊，刻刻都是不執著的悲心流露，

像溫暖著萬物的太陽燭天照地，卻不居功，逢著該潤澤之處，卻不少分毫，那不該的，卻半分不予，禪家的識見風範，本當如此。在這層公案裏頭，趙州也許是答了最最稱頭的話，您僧人大老不是問「萬法歸一，一歸何處」嗎？現象界的一切是由一心所顯現，祇要把持得一心不亂，任它千變萬化，也是如夢幻空花，起不了作用，但這邊又問「一歸何處」，一還是要回歸到萬法，如果沒有了現象界的五花八門，一心也就不稱之為一心了，所以自家的心體與現象萬境，非但是相輔相成，互相倚重，兩者之間根本即是百分之百的恰到好處，這就如同趙州老禪師「曾」在青州作了一領布衫，恰好就是七斤重，不會多重一兩，也不會少重一兩，一領布衫即七斤，不多不少此即彼，而此「一」之恰到好處，可以圓滿的回溯到萬法上，一絲勉強全無，圓圓滿滿的同體大用適用無缺，而萬法歸一，一歸萬法，二者圓融，不礙不執，禪家之道，即在其中，你能說趙州不高明嗎?!

朋友，日常所遇，您能篤篤默然識之於心，毫不動搖，即便有得，也不執著，本分安然的祥和處遇一切嗎？

二二‧六皆不收

僧問雲門：「如何是法身？」
門云：「六不收。」

白話簡譯：

僧人問雲門禪師：「甚麼叫作法身？」
雲門禪師回答：「就是六根（六塵等）絲毫不執著的
吸取外界的種種。」

在這裏有二個禪門佛教術語要先搞懂，一、「法身」，
二、「六不收」。法身是甚麼？簡單的說，即是佛教以爲
存在於宇宙之至高無上絕對之眞理，這個眞理，語言文
字都難以形容，而存在於所有的時間與空間，又這種存
在，賦一總稱，即是「法身」。另外，通常來說（自然有
別論）佛家的佛，分爲三種，曰：報身、化身及法身佛。
報身佛必須是修行有成的大菩薩才見得著，一般凡夫沒
功力拜見報身佛，化身則泛指報身佛變化出來的諸如婦

人、小孩、大官，甚至於虎狼，完全是爲了救度衆生應其所需而變化的，而法身佛，則是指對於已到達至高眞理，而處於至高眞理本體狀態、無形無象的覺者而言。

至於「六不收」，雖然雲門禪師簡答如斯，卻著實令人費一番思量。因爲「六不收」的「六」，究竟何所指？（姑且不論此句是否尚具密義）即其表面意義，已然未必得解。蓋「六」可指六根，此眼、耳、鼻、舌、身、意六根，勿論接觸到任何外在環境，是如何的令人樂而忘憂甚或身不由己，都要提撕正念，統統不「收」，來個總退貨，絲毫不執著，謂之「六不收」。《心經》中的「無」眼耳鼻舌身意的「無」，與「不收」是同義。但是，「六」也可以認爲是指「六塵」，君不見，〈信心銘〉中有云「欲取一乘，勿惡六塵，六塵不惡，還同正覺」，祇要不刻意的摒絕現象界中的色、聲、香、味、觸、法，自然隨順六塵，就是形同開悟的佛陀一般，這裏的「勿惡」，乍看起來，似與「不收」之意義完全相反，其實不然，祇是同一理念的兩種不同描紋罷了，如果仿造聖龍樹菩薩之「不來亦不去」的中觀偈文，把「不收」與「勿惡」串成「不收亦不（勿）惡」，可能會讓人更加明白中道法身之義諦。

但是，「六不收」的「六」，眞得是僅指前言所云之含義嗎？雲門早入涅槃，親叩請益之途自塞，唯設若舉「六度」、「六道」答之又當若何？蓋行六度（智慧、禪定、布施、持戒、忍辱、精進），功行圓滿，而不執著(不

收），自躋聖位；或云「六道」（地獄、惡鬼、畜生、阿修羅、人、天），乃輪迴中產物，而「六不收」即指不為六道所拘收，若已跳出三界，不在五行，不是個活鮮鮮的「法身」榜樣是甚麼？

禪宗裏頭重得是語言文字外的眞悟，而不是在文字間求攀緣比附，有時知識愈增，頭腦裏頭的亂流卻相對性的升高，不可不爲戒。在本公案，不信請翻翻任何一部佛學字典，能跟「六」攀得上關係的定不在少數，如果將之亂套一氣，「六不收」恐怕要變成「六皆收」了。

如是如是，那麼雲門大師所指的「六不收」，倒底如何切入，才得貼切，不論是六根也好，六塵也好，甚至於六道也罷，應當把它們當成技術上了悟「法身」的一種方法，此話怎講？「法身」是體，是宇宙不動眞理的本體，但因爲它太高妙，太無聲無息了，一般人如何能以體會，更惶論是證悟了。但，雲門禪師，甚具慧巧，他了解所問的是一種抽象義理，如果再以抽象之義理答覆，可能全無裨益。因之，他用實際上事相來促成對抽象義之了達，祇要因此而有所悟，六根、六塵，甚而六度、六道，都祇不過是一種到達眞理彼岸之舟而已，適心任擇一舟，設竟達彼岸，舟自當棄，何必再詳究此舟爲木製抑爲竹製矣！

法身一片光明燦爛，宛如茫茫大海中之不動的燈塔，任他驚濤駭浪，塔卻不動如山，普惠光明，剎時浪花湧上燈塔，卻又瞬而回流入海，燈塔對之全然「不收」，處

處保任住燈塔之本來面貌。我們立身處世之社會，有如五顏六色之海浪，個人的操守、原則，時時受到冰冷浪潮無情的考驗，稍一不慎，即遭到汙染，失去本具的美善純眞，非但不能燭己照人，可能還會誤導他人，身心一旦失去了理智及客觀的判斷，心靈上自然蒙上愚昧執貪的陰影，對於稱、譏、利、衰、毀、譽、苦、樂等八風，自難做到全然不收了。

　　朋友，君子有所為有所不為，您願堂堂昂然有所不為的坦然度過此生，還是奄然媚順的窩囊廢一世?!

二三・趙州洗缽

趙州因僧問：「某甲乍入叢林，乞師指示。」

州云：「吃粥了也未？」

僧云：「吃粥了也。」

州云：「洗缽去。」

其僧有省。

白話簡譯：

有剛學禪的學僧問趙州禪師：「弟子才進入禪門，請求老禪師指點指點。」

趙州問：「吃了粥飯沒有？」

學僧說：「吃了。」

趙州說：「那麼去洗盛粥的缽吧。」

學僧聽了，有所省悟。

俗話云：「吃飽飯，好辦事」，說明實踐的重要。趙州老禪師，年屆八十猶行腳，生平不尙虛文，作風樸素，

注重身體力行，在這宗公案裏頭，自也不例外，新僧請其開示。老禪師反問「吃粥了也未？」既然吃飽了，就該洗缽去，新僧聽過，當下有所領悟。學禪辨道，求得個出生入死，明心見性，每日裏吃飽飯，自容不得閒嗑牙，亂扯淡，但爲何以爲吃畢當去洗缽？僧人又到底領悟到甚麼？與趙州的本懷到底符不符合？

粥者，加米於水，煮而混然一體，水亦粥，粥亦水矣，飲之自然一味，難以分別，佛法禪道眞理亦然，法身一味，俟諸百世而不惑，置之四海而皆準，好個新僧，不知深淺，囫圇吞粥，未能引思一味遍布之理，未了一點禪心千江月，一切水月一月收，祇作了個吃粥癡僧，未成爲一味了僧。趙州又云：「洗缽去」，簡單三字，玄義無窮，缽者，心缽也，心中既已滿盛混然一味眞理粥，曉得個入道之理，切勿掩藏，更防消食不下，反害個遊手好閒、執道不化的隱疾，是以當以清淨法水，將缽洗淨，心缽一淨，宿食自消，進出非但自在，妙理橫胸，往往見得眞章，卻無梗塞之弊。趙州老禪衲，高明即在乎此，一句平常稀鬆語，往往見得眞章，卻無梗塞之弊，趙州老禪衲，狠毒亦在乎此，一句家常平淡話，往往卻用在刀口上變成字字珠璣，洗清了心缽的殘執膻縛，照亮了學僧智慧之道。因此，**癡僧癡僧**，反而來問我老趙州如何入道，天下何來白吃之午餐，既已食粥，且洗缽去，方爲正理。

但，趙州的本懷眞是如此嗎？禪宗講究乾淨俐落，

那有閒心緒，造出這麼多「粥外情」來，再者，如文首所言，禪家極重實踐，欲解這宗公案，當直接由實踐切入，學僧既已食畢，更應自己親身修習禪道，蓋事無大小，悉可入道，唯如魚飲水，冷暖自知。因之，洗缽雖屬小事，亦當親自為之，謹慎其始，至終必然開悟，慎始敬終，首尾一如，自近道矣！公案中僧人若有所悟，即領悟實踐力行為入道之門，若是缺少這層領悟，就算把缽洗穿了，也是個不了漢。

日本的道元禪師，曾往中國參禪，到一禪寺，見一老禪師在暑溽烈焰下揮汗掃地，因老禪師地位頗尊，卻仍親自勞作，道元遂建言何不由他僧代勞，詎料老禪師冷冷地回答「他不是我」後仍勤掃不綴，更不再言，道元禪師當時自是大受啟發感動不已，浸至後來精進有成，返日後獨樹道元禪，成為日本禪宗主流之一。道元禪師若不了解身體力行之重要，恐怕要在當時中原的寺廟中空羨慕一輩子了。

有人看出家人，捧著缽，既盛食又化財，似乎把缽看成了謀生活發財的工具，其實小看此缽，錯視出家人，蓋養身蓄命，固賴此缽，山河大地亦盡在此缽內，真正的修行至理，亦何嘗出於此器，蓋一日托缽，一日精進，吃了透心粥，就當透心透身來身體力行，古諺云：「勿以善小而不為，勿以惡小而為之」，吃粥前是一事，吃粥是一事，粥畢是一事，粥畢之後更是一事接一事，若果不論大事、小事，事事專志，事事力行，處處見得真心，

那豈不是事事圓滿，事事圓歇，旣圓又歇，天下本來無事，何苦自尋煩惱！若然眞能如此這般，捧著一碗泰然粥，自是心安理得，吃得津津有味了。

民初禪門泰斗虛雲大師，有回在泰國患病，口不能言徒臥於床，夜夢迦葉尊者告之，出家人應當重視鉢子，白天托之，夜晚枕之當無災無病。大師後口稍能言，即依法枕之，果然不日痊癒，詳請見大師之＜八十一難＞記述。君子謀道不謀食，托鉢食粥不過是個手段，目的卻在於藉之延續生命，勤修得以斷卻八萬四千煩惱，趙州老禪師指點學僧洗鉢去，可以看得它奧妙無匹，大有密義存在，也可以逕自認爲不過提示精進而已，但無論怎地，都應當親自下手去從事，若是不親自嘗遍人情之冷暖，怎知人性之可貴，若不經一番徹骨寒，怎得透月梅花香，日日白食十方善信粥飯，不思有所奮發，非但爲人所不齒，午夜夢迴，良心譴責，才眞愧對天地。

朋友，天下沒有白吃的午餐，也沒有白流的汗水，您說是嗎?!

二四・俱胝豎指

俱胝和尚凡有詰問，唯舉一指，後有童子因外人問和尚說何法要，童子亦豎指頭。胝聞，遂以刀斷其指，童子負痛號哭而去，胝復召之，童子迴首，胝卻豎起指，童子忽然領悟。

胝將順世，謂衆曰：「吾得天龍一指頭禪，一生受用不盡。」言訖示滅。

白話簡譯：

俱胝禪師凡對於任何的請教，都是默不作聲，而豎一隻指頭作爲答覆。後來有一個跟隨著禪師的童子，在旁耳濡目染，對於別人問俱胝禪師有何法要，效乃師狀，小童往往也豎起一指，俱胝禪師聽到童子之作爲，就趁童子揚揚得意豎指炫衆之際，用刀子刹那把他手指頭切斷，童子劇痛之下，一邊大哭大號一邊慢慢的離去，俱胝又叫喚他，童子驀然回頭，卻見到俱胝禪師豎起一根指頭，童子頓時領悟至高的禪道。

後來，俱胝禪師將圓寂，跟大眾說：「我證得了天龍禪師的一指禪，令我一生受用不盡。」說完就滅度了。

這宗公案，重點不在於天龍一指的外貌，而係得到心靈解放的老禪師，把自己對宇宙間至高禪道的內心了悟，不以言語而象徵式的以肢體語言，簡簡單單的一根指頭來表達，非但簡潔，亦且有力，有若須彌山，擎天柱地，唯我獨尊，更是熔聚三千大千世界於指尖一點，輕鬆自在，一切真理精華所集，照爍山河大地，直指人心，禪門所謂利根器者，一見當下開悟，開悟後，豎指不豎指都無關宏旨矣！

但是，套句藏傳＜般若心經講疏＞（西康貢噶法獅子講授，慈威記錄）前偈「凝念讚絕智慧到彼岸，不生不滅虛空之自性，各各自明智慧之境界，三時佛母尊前皈命禮」所云，智慧乃個人和自明之境界，因之天龍的一指或許與俱胝的一指，所表之智慧陰符，而心心相照。但童子的一指，卻不是俱胝一指，因為依俱胝禪師的智慧，看出了童子的心靈上的盲點，即便在老師身邊，跟前跟後，時時薰習，仍然沒有辦法真個澈頭澈尾的了達「不生不滅虛空之自性」，逢人即指，處處帶著做作，時時繫執於此解悟，惹得後來俱胝大師，智慧火冒三千丈，奮力的操刀一割，讓小子肢體上有了小小的殘缺，心靈上卻大大的解脫。

所以說，後學對於天龍一指，往往豎的時機不對，

有時更是豎得文不稱題，反以為一人得道，雞犬同昇，依樣畫葫蘆，不對也像三分。此令人想起注重事相理修兼備的密宗灌頂儀式，若是灌者、受者悉不如法，灌者沒有攝受弟子的金剛上師的德位，而受灌弟子亦非堪承大法的法器；那豈不形同佛經中言諭：一個猴子儼然而坐，煞有介事的給五百位猴子摸頂教授一樣。也所以說，俱胝禪師了不起，真個是一點牽執都沒有，能夠慈悲、智慧、空性三者相融無礙，有如《大手印願文》中所云「於諸苦痛無邊有情眾，願常生起難忍大悲心，難忍悲用未滅起悲時，體性空義赤裸而顯現」般，具足了空悲不二的大心，冷然的罔顧多年相隨師徒情誼，以智慧之刀剎那間斷除了小童子的生死煩惱，這才真是最大之師恩浩蕩，感激莫名。

　　在西藏佛教密宗裏頭，有位大師級的修鍊家，名曰：謝爾孫哈尊者，傳說隱於中國五台山，有緣者能見之。大師修鍊已臻究竟，連西藏寧瑪派開山祖師蓮花生大士都趨往請益，謝爾孫哈手持佛教之忿怒手印，向蓮花生大士說：「我此成佛，別無他法，只此一心不亂！」善哉斯言，一心不亂乃表時刻不雜用心，湛湛明明，清清朗朗，如日月在空，萬里無雲，日日不修不整不散亂，如同乳足之嬰兒，安祥而等心徧觀一切。又尊者所持之忿怒手印，亦有深意，外示聽者勿執其言，應當起滅同時滅起同時，內表大師已然剎時粉碎虛空，一心不亂矣！

　　天龍老禪師的一指禪功，轉化為語言文字，即是謝

爾孫哈大師的「一心不亂」；俱胝禪師的操刀一割，生死立判，返登太樸，卻等得忿怒手印，智焰結成忿印，粉碎一切及虛空，於真正大空坦然住，不住生死及涅槃。天龍一指，擎天擎地，忿怒印結，群魔結縛，〈信心銘〉說得好「一心不生，萬法無咎」，也是這層意思。

記得以前有位籃球教練(早在三軍球場時期)，每次率隊打仗皆旗開得勝，除了將士用力、球技高超，教練之運籌若定，也是原因之一。記者訪問該教練如何得令隊員與其心意相通，只要他策略一變，球員可以毫不費力的知曉，往往轉敗為勝，剋敵於當下，這位教練徐徐的豎起三根指頭說：「我祇有三套最主要的策略，豎一指、二指、三指，各代表著截然不同的戰術，球員們一見即曉，可以登時發揮群力，不致於因教練戰術太多，反而疑猜，軍心更亂，如何贏球？」是的，在亂軍之中，場面紛沓之際，能夠鎮定、簡捷應變的人，往往是勝利者。有時候，墜在思想的迷宮，除了煩上加惱外，恐怕於事無補的。

處事要簡單化，但卻需把握住原則，有內容，掌握住了大原則，明快的任事，事情的波折反彈，宛如大樹下的草，不久即會自然的枯萎。朋友，您能夠精確的掌握住原則、理念，而又能明快斷然的像俱胝大師的操刀一割，還是優柔寡斷、婆婆媽媽的死怨嘆、沒魄力一生呢？！

二五・香嚴赤貧

師（仰山）問香嚴：「師弟近日見處如何？」
嚴曰：「某甲卒說不得。」乃有偈曰：「去年貧未是
　貧，今年貧始是貧；去年貧無卓錐之地，今年貧
　錐也無。」
師曰：「汝只得如來禪，未得祖師禪。」

白話簡譯：

　　仰山禪師問師弟香嚴禪師：「師弟，你最近修禪的見
地如何？」

　　香嚴禪師答：「我一時說不完全。」僅用一偈文來表
示：「去年的貧窮並不是真的貧困，今年的貧窮才稱得上
是貧困，因為去年僅僅是窮到連立錐之地都沒有，而今
年卻貧窮到連錐子也沒有了。」

　　仰山禪師聽了這般答話，有感的說：「唉！看來你只
是證到如來禪的地步，卻未能同時具備祖師禪的大機大
用呢！」

記得印度籍的心靈大師奧修，曾說過一語重心長的小故事，大意爲一個品格高尚磊落的乞丐，向一個富可敵國的國王求乞，祇求國王的施捨能夠添滿乞丐手中之缽足矣。但是，不論國王倒入多少珠寶入內，登時如泥牛入海般消失不見，沒多久，國王反變成了一無所有的赤貧，貧是貧了，卻有從未有的安心與快樂，於是，國王問乞丐原因何在？乞者說：「我的缽象徵著無底的洞，您的財富卻象徵著無量的慾望，但是不管多少的財富（慾望），卻是永遠的填不滿那無底洞的，現在，你一無所有，等於拋棄了所有的慾望，沒有躭心執著種種的煩惱，自然地感到輕鬆快樂了」，同理，連「卓錐慾執全無」想法都沒有的人，自是卓然壁立萬仞，高人一等矣。

　　這宗公案，重點在於香嚴禪師，表示出自己的見地，已然一絲不掛，赤裸裸，圓陀陀，絲毫沒有半點兒牽扯執著，這般的境界，頗似＜證道歌＞：「窮釋子，口稱貧，實是身貧道不貧，貧則身常披縷褐，道則心藏無價珍，無價珍，用無盡，利物應機終不吝」，在世俗上，貧窮得上無片瓦覆身，下無卓錐之地立足，但在出世俗上，因爲徹悟了至高無上的禪道，心裏頭宛如藏了一顆取之不盡、用之不竭的如意寶珠般，非但煩惱全無，每日裏超脫自在，便是帝王將相也祇有羨慕的份。修禪修到這個地步，有詩爲證：「萬松嶺上一間屋。老僧半間雲半間。雲到半夜興霧去。回來方羨老僧閒。」

據載偉大的印度佛教大師阿底峽尊者，早年即已德學兼優，非但精通佛教的經典之學，對於密宗的咒術修持，亦頗為精通，年事未高，卻儼然已是一位人所尊敬的大師級人物，但他仍然紆尊降貴的遠赴爪哇島，向一位乞食瑜伽士求取教授，由這件史事，可以看出阿底峽尊者是如何要精進去掉自己心靈上「卓錐之地」的執染，而向一位世俗面上看來最為貧乏，毫無地位，但卻是擁有最高心靈寶珠乞士誠心求教，據說，阿底峽尊者在乞士門下整整學習密宗三載，而在日後的著述中，曾經不止一次的提到他的乞士上師，師徒恩情，溢於文字，而由之也可以看出密宗和禪宗的行儀，在本質上多麼的相近。

但是，連一「貧無卓錐」都要清潔溜溜的香嚴，乃兄卻未全盤讚許，祇許他證得「如來禪」，未得「祖師禪」。蓋祖師禪是講求禪師在大徹大悟之後，可以應用多種方便善巧接引他人，而如來禪，卻是如如不動，無眾生可度，無佛可成，自家逍遙自在。仰山禪師由香嚴的話裏頭，體會到香嚴的證悟境界，真個是清清淨淨、纖塵不染，祇是個如來禪，但似乎少說悟境的另一半，另一半是甚麼？「道則心藏無價珍，無價珍，用無盡，利物應機終不吝」，這才是祖師禪。香嚴相應間，少說了這番話，自難期望香嚴能光大門戶，大機大用一番，也因而反教仰山禪師有盡善未得盡美之憾。

俗話說：「水太清則無魚，人太清則無友」，又云：

「有時清官酷吏狠過貪官污吏甚多」，朋友您能夠在五濁惡世的現代社會中，潔身自好，卻又能和光同塵，大哥、二哥、麻子哥的，與流俗打成一片嗎?!

二六·轉經半藏

有一婆子令人送錢，請轉藏經，卻下禪床轉一匝
乃曰：「傳語婆，轉藏經已竟。」其人回舉似婆婆。
曰：「比來請轉全藏，如何祇爲轉半藏。」

白話簡譯：

　　有一位老太婆差遣信差，送給趙州禪師一筆金錢，
作爲請他念誦（轉）三藏十二部佛教經文的代價，老禪
師收下了錢財，卻祇是下了禪床，繞著禪床轉了一圈，
竟告訴信差：「你回去跟老太太說，三藏十二部全部經文，
我已經唸誦完了。」信差回去依樣畫葫蘆的告訴老太太，
老太婆卻不以爲然的說：「我是花錢請大師把全部藏經念
誦（轉）一遍，想不透爲甚麼祇誦（轉）了半部呢？」

　　三藏十二部，浩瀚如大海，不拘目前市面上何種版
本之《大藏經》，數量少說也在百冊以上，偌多經冊，
不要說逐一誦之，即使搬動，也要費番手腳。但，佛教

上，《大藏經》這個至高無上的法輪，是如何「轉」得呢？記得歐陽無畏大師（曾負笈西藏精研顯密之一代大師）生前曾道及，在西藏寺廟中，尤其是黃教，經常有德高喇嘛或仁波切，口誦全部藏經，其餘僧眾，端坐屏息靜聆，全部聽完，最快也要三數月。曾經有位康薩仁波切（爲能海法師之老師，詳見《能海法師傳》），據歐陽大師云，這位仁波切，當時在西藏是大大的有名，他也主持這種誦經法會，出奇的是唸得比旁人快一倍，卻字字清晰，入耳心悅不已，大約是修持舌根成就云云。可見轉藏經，往昔在西藏，是愼重其事，一部經一部經，逐字逐句的爲之。在漢地，即以今日臺灣論，似乎未聞任何寺廟有此作爲，倒是每遇親朋好友與花花世界拜拜，逢著喪事作七，總見到「作一天和尚撞一天鐘」的和尚們，在那裏煞有介事的誦將起來，充其量，半日下來，也不過把《金剛經》、《心經》或是《彌陀經》唸個若干遍，即使誦經一句即已功德無量，且超薦亡靈，端在誠心，自不在時數多寡。但，比起藏地的規模，總顯得有點兒小兒科（曾見到西藏僧人之超薦法會，數小時內，不停誦持，未有下座，似較漢地超薦愼重）。又既知道轉經非易，曠日耗神，爲何婆子大刺刺地要求請轉藏經？蓋婆子不比尋常，在禪宗世界裏，婆子大多是難纏難贏的人物，她們的見識、語鋒、機鋒，不遜於出格禪師，陳健民居士於其遺著《禪海塔燈》中對於婆子，也是推崇備至。現在這個老太婆，也是大大的不簡單，明裏卑

詞請大禪師一轉藏經，暗裏卻遞出一把禪劍，我這裏禮貌已盡，看看你老和尙拿人錢財，如何與人消災？是傻不瓜幾的一字一字的唸到二佛出世、一佛昇天猶然夾帶不淸呢？還是另有高招迎之，看看你老禪碩到底有什麼法寶祭出！老禪師，自有主張，就著禪床，穩穩當當、自自然然、莊莊嚴嚴的，繞了那麼一圈兒，竟然大言不慚的宣稱：「跟你家老夫人回話，老僧幸不辱命，已然轉完全部藏經了。」

老和尙儘自高言不慚，自謂圓滿，堪稱財貨兩淸，互不相欠。但老太婆卻冷然的一盆冷水澆頭：「大師你如此這般的轉經，祗不過轉了半部啊？」爲甚麼轉得那麼省事省時？老僧人禪床一匝，轉經已畢，不必逐字費言，爲甚麼婆子卻不太滿意，認爲老和尙「給付不足」？蓋佛學雖深廣，經書自浩瀚，但千說萬諭，總不出佛祖釋迦牟尼佛所開示的：四聖諦、十二緣起、六度、緣起性空及不生不滅的中道眞理，若了悟了這些思想的精髓，就如同《法華經》中的小龍女，手捧著如意寶珠般，可以登時伐毛洗髓，立地成佛有望了。

老禪師應是得道高僧，深明佛陀教法之三昧，了得箇中玄妙，三藏十二部，但在一圈中，非僅如此，即山河大地，鳥語蟲鳴，那一不是釋迦老佛、諸佛菩薩自性心中流出的無量經文，這般見地，頗有維摩居士與文殊大士的「於無二中說無二」（此語見《文殊眞實名義經》）的架勢，於是乎，老禪師，迤迤然，瀟瀟灑灑的踱了一

圈，這一道金剛圈，遍布三界，彌漫十方，乃不生不滅本自圓融之自性，凝念讚絕本來具足之彼岸，正是任他千經萬疏，但在老衲一圈中搞定。

老僧見地值得頂禮，但老婆子卻不領情，嫌轉藏經轉得不俐落，不夠落檻，間接指出其思想上有瑕疵，非但未見登峰造極，簡直就是輸我老婆子一籌呢，其實呢，我老婆子這筆錢花的不冤，又鬥了一個禪師大家。老禪師的金剛圈不圓滿，自當打個對折，因為自家表出了不生不滅、圓融周徧的般若金剛圈，未再作任何表示形同自家卻圈死在內，宛如閉戶防盜，未留出口，反將自己縛困一般，此老婆子一聽所稟，對於老僧所為，自無善言也。

西藏高僧真的那麼笨嗎？不懂得禪門所示之理，仍然逐字唸誦藏經，禪宗真的那麼高明嗎？納須彌於芥子，剎那間一道金剛圈網住了半部藏經。有說，二者因事而異，藏僧乃教學須務實，漢僧係顯智故尚巧，佛法有巧徑嗎？朋友，換作您，做任何事，要一步一步的務本崇實，還是智巧過人的一步登天呢？

二七・大士講經

舉梁武帝請傅大士講《金剛經》。大士便於座上
揮案一下，便下座。武帝愕然。

誌公問：「陛下還會嗎？」

帝云：「不會。」

誌公云：「大士講經竟。」

白話簡譯：

　　梁武帝特別延請傅大士講授《金剛經》，大士就法
座後，武帝以爲定然可以聆聽到微妙的佛理，誰知大士
祇拿起桌上的鎭紙揮了一下，就從容的下座，大出梁武
帝所料，不禁愕然。

　　當時也在場的誌公就問梁武帝：「陛下，您對於剛才
大士的舉止，有沒有心領神會啊？」

　　梁武帝回答：「不知其妙何在？」

　　誌公又説：「其實傅大士已經把《金剛經》圓滿的講
解完畢了。」

這宗公案裏頭，三個出場人物，都是高手，有點兒像金庸武俠小說中之華山論劍一樣，但凡能夠登上華山，已是一流之武林高手，何必再以勝負來論英雄。一國至尊之梁武帝，加上傅大士及誌公，捧著《金剛經》寶典各展本事，越發把這段公案，串演得層次高高、密意玄玄的令人難解，除非也具足功力，登得上華山，焉知何人眞堪笑傲江湖?!

　　一般以言，《金剛經》與《心經》，皆係中國佛徒的最愛，《心經》短（約三百字上下），《金經》長（約五千言），《心經》談性空；《金經》則論無相，其實皆係大乘佛學中空性義理之闡述，《金剛》一經，中國歷朝歷代之高僧大德，嘔心瀝血加以注疏者不知凡幾，但箇中奧妙，似乎在傅大士刹那揮案之下，全盤披露無遺，以至於搞得梁武帝愕然以對，誌公卻獨獨情有獨鍾暗自印心，曰：「大士講經竟」，這裏頭究竟賣得甚麼膏藥?!

　　西藏密宗有「般若佛母」的修持法門，係將《心經》予以形象化的修鍊法門，所專注觀想的本尊是一位金黃色的女性菩薩，一面四臂，右手持著九鈷金剛杵，左手捧著珍貴無匹的般若經典（自然《心經》也在內），另外二臂雙手持定印。九鈷象徵著九次第禪定或釋迦牟尼佛的九乘教法，喻如金剛一般，威猛無比摧壞一切邪惡；般若經典則表大乘佛教之智慧精髓，菩薩大智一手承擔；另二手合掌呈定印，表十度圓滿。噴噶佛爺早年曾傳授

之「般若佛母」修持法門，本文特錄於下：「般若佛母體性，爲一切佛悲心之體性，亦爲般若空之自性，爲報身佛相，當修持時，坐舒適墊椅之上，剎那觀想自己爲般若佛母。身金黃色，一面四臂，二足金剛跏趺坐，下有蓮華月輪，兩手結定印，背上右手執金剛杵，左手執般若經典，現報身佛相，頭戴五佛寶冠，衣裙釧鐲珠寶瓔珞種種莊嚴圓滿具足，相好光明，心間有月輪，上有黃色短阿字（西藏字、無腳及圈），周圍咒輪，向右圍繞，本尊身透明，可內望見，光明遍照十方世界，行者觀想明白，乃同時唸咒（≪心經≫咒語：爹雅他、嗡、噶得、噶得、巴喇噶得、巴喇桑噶得、菩提、娑哈），使散亂心，集中在觀想上，於心印及咒輪，須加注意，疲勞時，觀想一切世界均清淨，由清淨之世界變爲壇場。再化光明攝集般若佛母（自身）之身，上下內外咒鬘圍繞，放光攝集阿字上，最後清淨世界及咒鬘均轉爲阿字，莊嚴入定，阿字復化空，從般若空性上得定，比較修其他法門爲殊勝，成就亦迅速。厭倦時當即出定，隨時隨作如上觀想，則感覺一切有爲法，如夢幻泡影，如露亦如電，應作如是觀，一切皆在夢中作佛事也，空既了達，以大悲心任運修菩薩行，圓滿資糧，則佛土自證圓滿。」修儀中的阿字，即是原本纖塵不染、清淨世界的總融聚，亦是抽象性、象徵性表示萬法歸宗而本來即不生不滅（阿字者，在佛典中表示出生一切，同時表示不生不滅之理念），如果掌握了「阿」字訣要，以之爲體，則妙道自顯

森羅萬象宛如天成，體用自然兼足矣！

　　傅大士滿肚子的《金剛經》菁華，在揮案一拍之下傾瀉無餘，如同《心經》之醍醐、奧義，於般若佛母心中阿字內，盤而旋之，旋而盤之，周遍六合，縱橫無礙。復次，看誌公這壁忙著討好大士，賣自己乖巧，信口而說：「大士講經竟」好不自得，似竟忘了梁武帝也不是三脚貓咪，焉知他露出愕然表情，不是大智若愚，更有他意？

　　俗語云：「莫道君行早，更有早行人」，學禪貴乎平實，引人則當稱才，不尚玄妙，若進言則首重觀時，否則霧水一頭，兩不討好。本公案中三位人傑，究竟那位眞正注意脚下，立定脚跟？究竟那位非僅滿腹，連全身毛孔都掛滿了金光閃閃的《金剛》寶經？究竟誰跟誰眞正的「心心相印」，非但權充解人，其實更無半毫賸言語?！你不知，我不知，到底何人知?！

　　朋友，您跟別人溝通時，情願「互猜心意」式的瞎摸索，還是寓誠於內、開門見山的一目了然呢？

二八‧野鴨拂子

師侍馬祖行次，見一群野鴨飛過，祖曰：「是甚麼？」師曰：「野鴨子。」祖曰：「甚處去也？」師曰：「飛過去也。」祖遂回頭，將師鼻一搊，負痛失聲。祖曰：「又道飛過去也！」師於言下有省，卻歸侍者寮，哀哀大哭。同事問曰：「汝憶父母耶？」師曰：「無。」曰：「被人罵耶？」師曰：「無。」曰：「哭作甚麼？」師曰：「我鼻孔被大師搊得痛不徹。」同事曰：「有甚因緣不契？」師曰：「汝問取和尚去。」同事問大師曰：「海侍者有何因緣不契，在寮中哭，告和尚為某甲說。」大師曰：「是伊會也，汝自問取他。」同事歸寮曰：「和尚道，汝會也，令我自問汝。」師乃呵呵大笑。同事曰：「適來哭，如今為甚卻笑？」師曰：「適來哭，如今笑。」同事罔然。次日，馬祖陞堂，眾纔集，師出卷卻席，祖便下座。師隨至方丈。祖曰：「我適來未曾說話，汝為甚便卷卻席？」師曰：「昨日被和尚搊得鼻頭痛。」祖曰：「汝昨日向甚處留心？」師曰：「鼻頭今日又

不痛也。」祖曰：「汝深明昨日事。」師作禮而退。

師一日再參侍立次，祖目視繩床角拂子。師曰：「即此用，離此用。」祖曰：「汝向後開兩片皮，將何為人？」師取拂子豎起。祖曰：「即此用，離此用。」師掛拂子於舊處。祖振威一喝，師直得三日耳聾。

黃檗到師處，一日辭云：「欲禮拜馬祖去。」師云：「馬祖已遷化也。」檗云：「未審馬祖有何言句。」師遂舉再參馬祖，豎拂因緣言：「佛法不是小事，老僧當時因被馬大師一喝，直得三日耳聾。」檗聞舉，不覺吐舌。師云：「子已後莫承嗣馬祖去麼？」云：「不然，今日因師舉，得見馬祖大機之用，然且不識馬祖，若嗣馬祖，已後喪我兒孫。」師曰：「如是如是，見與師齊，減師半德，見過於師，方堪傳授。子甚有超師之見。」

白話簡譯：

百丈禪師有一次陪侍其師馬祖散步，看到一群野鴨子由面前遠方飛過，馬祖問：「是甚麼啊？」百丈答：「野鴨子。」馬祖再問：「到甚麼地方去了？」百丈：「飛過去了。」馬祖就回過身來，用手把百丈的鼻頭死勁的捏了一把，百丈一時痛極不禁失聲大叫。馬祖說：「又說飛過了。」百丈聽了之後有所領悟，就回到侍者所住的僧寮，

哀哀悲悲的大哭起來。同寮的僧友問他：「你是不是想念起父母了？」百丈答：「不是。」又問：「那就是被人呵斥難過而哭了？」百丈答：「沒有。」同事再問：「那麼，你到底為哩子哭呢？」百丈說：「我的鼻孔被馬祖大師捏得疼痛不徹啊！」同事又勸解：「你是不是有甚麼緣由不契合搞得號啕大哭？」百丈：「你去問馬祖大師吧！」於是，百丈的寮友就去問馬祖：「懷海百丈侍者到底是甚麼因緣不契合、不爽快，在寮房內大哭，請您解說一下。」馬祖說：「他自己曉得緣由的，你自己去問他就截了。」好心的同事不得已，又回到寮房跟百丈說：「馬祖大師說，你懂得，叫我來問你即可。」百丈聽完，卻呵呵大笑起來。同寮道友詫異的問：「先前大哭，現在卻又為啥子大笑？」百丈：「先前大哭，現今大笑。」同事仍然不明其中奧妙，感到惘然。

第二天，馬祖禪師陞堂，僧眾才集合，百丈就出堂並且把座席捲起來，馬祖見了也就下座。百丈跟著馬祖到了方丈室。馬祖問：「我剛剛才升座，你就捲席離座，是何道理？」百丈：「昨天被你大和尚狠捏鼻頭一把痛得很啊。」馬祖：「你昨天是甚麼處所留存心思？」百丈答非所問的說：「鼻頭今天又不痛了。」馬祖：「看起來，你倒是深明昨天的事情的密義啊！」百丈不答作禮而退。

過了些日子，百丈又隨侍在馬祖身邊，馬祖眼看著禪榻角落的拂子。百丈答：「即此用，離此用。」馬祖又問：「你以後用兩張嘴皮子，如何教化眾生？」百丈取起

拂子將它豎起。馬祖說：「即此用，離此用。」百丈又將拂子掛回原處，這時馬祖威風大振猛地一喝，令百丈禪師耳聾了三天。

後來，黃蘗禪師到百丈那兒參禪，有一天告辭說：「想去禮拜親近馬祖大師。」百丈說：「馬祖大師已經成就離開這個世間了。」黃蘗就問百丈：「不知道馬祖大師有甚麼口訣心傳？」百丈就再把當年繼野鴨搊鼻開悟後，再參馬祖的一段事跡說給黃蘗聽，並且說：「佛法那裏是小事，老僧當年被馬祖大師振威一喝，一直耳聾三天。」黃蘗聽罷，不知不覺的吐舌稱奇。百丈說：「你今後是不是也要承繼馬祖大師的宗風啊？」黃蘗卻回答：「不會的。今天是由於老師你講出當年一段公案，才得以見到馬祖大師的大機之用，好在我根本不認得馬祖他老人家，若是因爲了解你所有的心得，而一味去承繼他的宗風，今後我必然會喪斷我的徒子徒孫的慧命的。」百丈：「是啊！是啊！見解與老師一樣，要減少老師一半的德行的。見解超過了老師，才卓然成器堪予傳授心法。黃蘗啊，你很有超過我見解的地方。」

禪宗的胸襟眞是光明磊落，絕不小家子氣，禪師印可弟子，毫無附帶條件，當雙方心靈交會、眞理相融的刹那，已然銀貨兩訖，從此各走天涯路，莫再奔寒山。再者，老禪師平生最快慰之事，莫過於調教出一個見地解行上超過自己的弟子，屆時，非但不嫉才，還會清淚

兩行，禱謝龍天一番。而弟子呢，未悟時師渡，既悟則由自渡，心海一舟，時時把定方向，靈臺一片清明，隨緣教化，是眞報師恩。如此禪門師弟，才是眞正的父子，滴血的印可，儒門中所謂師道的尊嚴，其實在禪門的師徒關係中，表現的反最眞切，也難怪在宋明時，就有人慨讚佛家典章規矩，而認儒門淡薄，收拾不住矣。

俗話說：「賭場上無父子」，蓋輸贏有數，那裏論得私情。其實，禪門，甚或整個佛門，也不攀附父子私情，不論輩份，不拘長幼，且再三告誡，莫要輕視後學小子，焉知彼不如我，此即文殊菩薩於《淨名經》中正訶維摩大士之原因，蓋達者同遊涅槃路，誰能了達至高無上的禪道、眞理，誰就是靈光獨耀，堪爲眾師。若是拘泥輩份、譜系，不敢有超越之思，那釋迦老佛之後的佛教，也不會有聖龍樹、月稱這班菩薩繼緒，且發揚光大了。佛門（包括禪門）的無私光明也可由此略窺一二。

因之，這宗公案，最起碼表明了二層意義，其一，表明了眞正的師徒間的金石之誼，其二，表明傳承屬於道統，證悟、見地卻是個人之事；既便傳承上張三傳李四，李四復傳王五，但張三的解悟不一定等於李四、王五，往往靑出於藍又勝於藍，又往往別走奧徑，另成一家，如果這宗公案裏頭，馬祖、百丈、黃蘗的解悟完全一樣，那禪宗豈不變成一言堂，也不會形成百花齊放，五家七宗各擅勝場的局面了。

但是，百丈再參馬祖之豎拂因緣，究竟表示些甚麼？

這段公案看起是一，其實分三，第一折，乃百丈侍馬祖，見鴨破空而飛過，馬祖問百丈：「是甚麼?」，百丈答：「野鴨子」，馬祖又問：「甚處去也」，百丈直覺地答：「飛過去也」，馬祖遂猛地一搊百丈的鼻子，百丈痛得大叫，馬祖道：「又道飛過去也」，百丈當下有所領悟，此爲第一折。蓋野鳥劃空無痕，象徵著佛教中道之不著兩邊，百丈本來不知自己之執著我見，被馬祖劈鼻一搊，痛上心來，原來自家還未脫離身見、我執，再被馬祖一呵，「又道飛過去也」，頓時了悟飛鳥劃空無跡可覓的、無執無著的禪理，但百丈心下領悟，卻並不執此見地，爲了向乃師披露出自家心肝，遂有第二折禪劇演出。

第二折，是默劇。第二天，馬祖陞禪堂，衆纔集，百丈卻把坐席一捲走了出去，馬祖見了，也不作聲，也下座。百丈跟著馬祖到另室，馬祖才開始問：「我剛才還沒說話，你爲甚麼就捲席退堂呢?」百丈答：「昨天被你搊得鼻痛」，馬祖聽了，追問道：「那麼你昨天心意識特別注重在那兒?」百丈則似乎答非所問的回覆：「我的鼻頭今天又不痛了」，馬祖聽罷讚許他：「你深深的明白昨天的事呢」，百丈作禮退。第二折中，百丈因已然成竹在胸，智珠在握，已解至高禪道非爲言語所能盡宣，因此，不待乃師馬祖開口，默然表示自己已然卷收自如悄然而退，馬祖亦退，表示自己亦知禪道妙悟，本來無說，自己當言則言，當藏即藏，毫不勉強，亦無留戀，及後馬祖見百丈緊跟在後，遂又再問爲何退席，百丈間接的表

示自己已然了悟，馬祖逼問「汝昨日向甚處留心？」這句話還是有考量百丈是否執著於自己所悟之意，百丈毫不含混，答：「鼻頭今日又不痛也」，表明今日之百丈已非昨日之鼻痛阿蒙，馬祖至此，終肯定百丈之證悟，而說：「汝深明昨日事」，此爲二折，唯待三折幕啓，馬祖振威一喝，震得百丈耳聾三日，卻游心遍布三千，徹頭徹尾的領悟了。

　　第三折中，百丈再侍馬祖，馬祖目視室內之拂子，百丈即言「即此用，離此用」，馬祖遂問「你以後耍二片嘴皮子，如何教人？」百丈取下拂子豎起，馬祖卻說：「即此用，離此用」，百丈又掛拂子於原處，馬祖驀地振威大喝一聲，震得百丈三日耳聾。本來至高禪道就是不生不滅、不垢不淨、不增不滅的，就是無執無著、無言無說的，但這種默然領會，心領神會、水澄珠盈的默然自許、絕對的自我肯定的境界，如何去教化他人呢？百丈將拂子取下豎起又放回舊處，表示自己之教化都由光沱沱圓明明的領悟上出來，而儘管巧智萬千，卻絲毫不滯於執縛於此一圓明，馬祖斗然大喝一聲，是讚語，也是警語，讚者，讚乃徒體用皆圓融，不即亦不離；警者，警其當空而再空，善養靈臺，言語道斷、心行處滅之餘，莫再犯凡塵。以上三折，由外而內，由內而密，千經萬論，十方諸佛，皆在馬祖一喝之下，刹時顯現，也在馬祖一喝之下，刹時五濁惡世無所遁形，悉化爲清清朗朗，「即此用，離此用」、「離此用，即此用」就是這層道理。

當百丈大師意氣紛發，向黃蘗大蓋往日雄風之際，黃蘗咋舌之餘，本體未見動搖，卻另有見地，非但不死栽在盲目崇拜上，反而活潑潑的把自家的精緻文化內容更提昇一格，敎徒弟就該敎這種人，非但卓然有成，尙且光大門楣有望矣！

其實，「百丈禪師再參馬祖之豎拂因緣」，這椿公案中的案中案，在坊間的禪宗書刊、演講中，是頗爲熱門的題目，原因之一，可能因馬祖大吼一聲，頗爲雄偉，值得一談之故。但，這段幾乎談濫、濫談（包括本文）的公案，問天下有幾許人懂得箇中之大機大用、生殺與奪，踏殺天下的馬祖之奮然獅吼，豈是吾人堪解堪當？！

朋友，您若爲人師，能絲毫無嫉，反而衷心欣賞靑出於藍的弟子嗎？！您能夠光明正大的接受技不如人的撞擊嗎？！您能夠不即不離的處理生活上的事務嗎？！

二九 · 常心是道

南泉因趙州問：「如何是道？」

泉云：「平常心是道。」

州云：「還可趣向否？」

泉云：「擬向即乖。」

州云：「不擬爭知是道。」

泉云：「道不屬知，不屬不知，知是妄覺，不知是
無記。若眞達不疑之道，猶如太虛廓然洞豁，豈
可強是非也。」

州於言下頓悟。

白話簡譯：

趙州（禪師）問南泉（禪師）：「怎麼樣才算是（了
達）那至高無上的眞理『道』呢？」

南泉：「了達、任持住於『平常心』就是了。」

趙州：「既然如此，是否有個方向依循以達此境界？」

南泉：「祇要一有擬定方向的心，就已與所求之道相

乖離。」

趙州：「但若不立心求道，又如何能知所求得就是道？」

南泉：「這個至高境界，不屬於知覺層面，也不屬無知覺層面，因為知覺是一種虛妄不實的覺受，無知覺反而變成無動於衷，都不對。如果你的心體的鍛鍊已經真正達到了再無疑惑的層次，到那時，如同廣大的虛空般的全然一體洞徹豁達，這種境界，那裏是勉強用類乎知覺與不知覺這類概念所能講求得到的。」

趙州聽了之後，頓然開悟，了解了平常心是道的真義。

「平常心」變成社會上推諉的濫辭，君不見，開常聽：本人無愧於心，僅以平常心處之云云，即法官、檢察官辦案，甚至也要先行「平常心」表態一番，氾濫至此，「平常心」，成了場面話，勿論政爭、貪污甚如色誘、財劫，當事人祇要氣定神閒的祭出這三字真言，保君不必暫時停止呼吸！但，這夥子的「平常心」與禪家所尚的「平常心」，是否為同一境界，如是，那豈不是南泉滿街走，相識皆達摩了嗎？若否，則當問：平常心是啥？

尸尸然，無動於衷；施施然，一片鄉愿，皆非真正認識平常心，而但凡「至道」，即係言語道斷、心行處滅上頭的親身體悟。因此，文字的表達敍述，總輪不著真正第一義、最親切的了解。南泉王老師，可以口說三字

眞言，蓋天蓋地，但吾人凡夫，何德何能，自擔不得直下承當，惟在細細思維時時反觀前賢的心得之餘，或有所悟，至於是否眞正了達「平常心」，則是還待君一口吸盡西江水復同時吐出後，再跟您平實商量商量。

唯究竟何謂「平常心」，藏、印記述，有許多鍼言，即以藏傳佛教密宗修持法門之「大圓滿」與「大手印」，可以說是融合解、行而得到最高成就的代名詞，而此二法門，對「平常心」的認持，多有闡述。如張澄基先生於其遺著《岡布巴大師全集選譯》第四篇〈教言廣集零選〉，即依「大手印」的教理，對「平常心」有如是之解說：「平常心者：就是這個不爲任何法相所摻雜，不被世間意識所攪亂，不爲沈掉和妄念所鼓動，當下安置於本來之處(的自心)。」該篇更云：「……甚至面見本尊佛，也不及識平常心之重要」，密宗修行者，一輩子的奢願，大約就是能夠面見本尊，得到悉地了，但，能夠認識平常心，較之卻更爲重要，可見對心體上的了悟，勿論禪、密，都是最予重視的。藏傳佛教噶居派第三代大寶法王嘎馬巴雍蔣多吉所撰《大手印願文》中，對心體的固持，有精闢的演繹：「……不爲作意修觀所滲染，不爲下劣塵囂風所動，無整安住本來自體上，修心要義善巧願守護，粗細妄念波浪自寂滅，安住無動心之河流上，離於昏沈雜染之垢渣，不動奢摩他海願堅固，無觀心上數數觀察時，無見之義如實赤裸見……」，這種見解，其實就是對於平常心的深刻認識。

但是，認識了平常心之後，心境如何？心體如何？心體如何的任持？還是有些名堂的。平常心的境界，當如永嘉大師〈證道歌〉中所云：「假使鐵輪頂上旋，定慧圓明終不失」，此即如乳足之嬰兒，自然的安然而住，何來散亂？平常心是道，爲道則日損，損之又損，虛室自而生白，此際不想不思不尋伺，過去現在未來，悉不著念，湛然常寂，應用無方，住於當下的當下，一念清明，念念清明，直心是道場，何患萬物不備於我？《神會顯宗記》所云「行住坐臥，心不動搖，一切時中，獲無所得，三世諸佛，教旨如斯」可相印證。但是妄念油然生起時，又該當如何？藏傳《大圓滿智慧決定本來清淨解脫見》說得好：「當於本淨上解脫，堅持不作次第鬆」，應當隨所顯現不加刻意整治，對於現象界的一切，悉無分別而任運自然，唯要在妄見生起的一刹那，自心住於自然清淨，此即爲平常心，此即爲大中道、大圓滿、大手印，亦即爲《心經》所云「無無明，亦無無明盡」也。

近年來，藏傳佛教密宗，在社會上愈傳愈盛，蒞臺傳法的喇嘛佛爺，清淨自持者固多，但不守密行者亦有，在一片流行風氣下，搞得弟子見佛爺就拜，磕頭如搗蒜，佛爺呢，則灌頂如蓋章，來者不拒，令人擔憂學者不由理性、知性入門，反執感性甚而迷信受教，往往學得幾句咒子，一旦朗朗上口，即鎮日裏神經兮兮的大呼本尊神勇、護法靈驗，專門講求息、增、懷、誅之術，希望能夠消災除厄增福添壽，似此離「平常心」的體性，何

止以道里計！

　　自然，眾生皆欲離苦得樂，人自不例外，希望消除災病魔厄等一切障礙，消除之法，在藏傳密宗著作≪修心七義≫中明言，有四種方法可以消除諸般不順，其一至心懺悔，其二虔修本尊，其三虔求護法，其四但觀空性。但內中以「但觀空性」被認為是最佳迴護諸難之道，因為諸障本來就沒有絕對的生起，那我們為甚麼要費盡心機的去消除呢？這種令心靈上束縛剎那間冰釋的道理，就是平常心。祇要了達了平常心，應當是無入而不自得，那裏還要甚麼誦咒燒施，畫蛇添足，徒亂自心呢！大手印的修持法本上所稱「總之若得安樂不外上師之加持，若遇病苦，不外上師以大悲心，令我勝解恭敬，增長道業，無須別求對治，此為最要。」也是這層意思。

　　世間事，不如意者十之八九，日常所遇，外有八風，內熾五毒，短短數十寒暑，過得好不痛苦，所幸南泉王老師，輕輕道出「平常心是道」，是碗清心湯，有心人，何不嚐嚐？！

三〇・投子聲音

僧問投子：「一切聲是佛聲是否?」

投子云：「是。」

僧云：「和尚莫豬沸碗鳴聲。」

投子便打。

又問：「粗言及細語皆歸第一義是否?」

投子云：「是。」

僧云：「喚和尚作一頭驢得麼?」

投子便打。

白話簡譯：

僧人問投子禪師：「世上一切的聲音是否都是佛的聲音?」

投子答：「對的。」

僧人反諷曰：「那老禪師你說的話，豈不是等於豬仔拱槽爭食的饑叫聲嗎?」

投子禪師聽了他這樣的回答，不作聲，打了回去。

僧人食髓知味，又欠揍，再問投子禪師：「高尚的聖者之言跟粗卑的下里巴言，是否都是由空性中剎時流出？」

投子答：「對的。」

僧人又皮癢，反詰道：「那麼既然如此，可以把老和尚稱為一頭驢了？」

投子禪師再度發威，一聲不發，出手便打。

在佛教密宗裏頭，有所謂「生起次第」，著重於把佛、菩薩（本尊）的形象用心觀想的清清楚楚，不但如此，就是佛、菩薩所住的宮殿、種種莊嚴華麗的裝飾，也要儘可能的用心想得清清明明，這層功夫，類乎顯教阿彌陀佛經典中的十六觀的訓練，等逐漸上路，把「生起次第」的要求，都滿足後，就繼續作「圓滿次第」的修鍊，這步修持和「生起次第」一樣，自然著重於觀想，但更重要的是見地上的高超，認為自己本來與本尊無二無別，密宗術語云「本尊即我我即尊」即是這層意思，要證悟到自己本來即是「三身四智體中圓」的（＜證道歌＞語）。但是，到了這步修持，還要百尺竿頭再進一步，把「圓滿次第」再圓滿一下，把已然了達的空性，再「空」一番，達到真正的「畢竟空」「大圓滿」的境界，此即為佛教寧瑪派大圓滿修持所強調的境界。

到了大圓滿境界，可以說是徧一切處、集一切善，湛然常寂，應用無方，一毛孔內有微塵、微塵數之諸佛、

菩薩顯現，毛孔不大，諸聖不小，現象界的一切，都是本尊的身、語、意、事業、功德的無窮展現，佛教密宗法門修到此處，可以說是止於至善了。而設若臻屆大圓滿境界，自然是不修不整不散亂，任運一切，自然平等，又生起次第也好，圓滿次第也好，即便揚眉瞬目，任何微細點塵之事物，都是平生平等的大圓滿，修行至此，主觀、客觀的對立，必然完全消逝，時時與一切的一切打成一片，此際，行、住、坐、臥、語、默、動、靜都是諸佛菩薩的威儀所顯，悲心所佈矣！

記得歐陽無畏大師生前曾云「密宗乃由外打內，禪宗則係內打外」，並補云「最上智者修禪宗」。誠然斯言，蓋密宗由生起次第的外在觀想，逐步相應，經圓滿、大圓滿次第，終而反應出心性本體本來圓滿，不假外求。而禪門之修鍊，卻多有直指人心，見性開悟的最上乘功用，由內心的開悟，反觀外在的現象界種種，豈不是「一切聲是佛聲嗎?!」禪密修鍊，其實殊途同歸，佛教密宗〈大手印加行所攝上師相應金剛亥母合修儀略〉中，更明白說明大圓滿修持的方便法門：「念已，勿入尋思，任運住於不動，隨力習定，出定時，想所見種種皆上師身相，所聞聲音皆上師金剛語，自心隨起意念悉上師意業，金剛智慧應如是信解」，若證到這種境界，不正是投子禪師的境界嗎?!

投子禪師篤篤然肯定一切聲音都是佛音聲，可以說是站在「大圓滿」的立場簡答的。問者當非泛泛之僧，

非僅如此，可能還有點兒玩世不恭，帶點兒犬儒主義的色彩，反而「將」了投子禪師一軍，大言不慚的反問「那老禪師，豬仔舐著槽食那般饞聲大作是不是也是佛的音聲呢？」投子當下打將上去，這一打好不親切，透著婆心，想要截斷眾流，硬是提撕僧人絲毫莫執莫著，還當向上一著，真個了悟言語道斷、心行處滅的境界，到那時，才真是圓滿中圓滿，聖者聲、六畜聲，全在三昧中活躍，聲聲皆是諸佛菩薩廣長舌所演繹的清淨妙音了。

僧人第二次的問話，其實表彰一己之見解，等於在說：「像我剛才那樣的談到佛音及豬仔聲，高尚的話言與低俗的口氣，其實都是本著對於空性了悟的體性即時脫口而出的遊戲之論罷了」，投子禪師再度肯定了他的見地，但是僧人得理不饒人，猶然賣弄口舌之利，又說：「喚和尚作一頭驢得麼？」於是乎，這壁開悟的「驢子」，不是用蹄子，而是立時用人的肢體語言痛痛責難刁僧一頓，在於表明投子自己的見地，絕對不輸於僧人，你小小僧人莫來戲弄老僧，我對於粗言軟語，皆然了達悉是出於「空性」流露之第一義聲，你的見地，最多與我一般，莫畫蛇添足，莫驕縱於心，反生我慢，戒之忌之。

人若不虛己存誠求教，即便是智巧滿腹，恐怕所得也是有限。聖賢之人，雖具博施廣教之願，猶若鐘鼓，須大叩大鳴，小叩小鳴。設若心懷巧智，沾沾自以為是的大放厥辭，恐怕是難以獲得高明人士真心的點撥。記得以前大陸滄州，是為中國武術之鄉，有一摔角大師教

某一徒弟多年，大師年邁，養息於家，其徒則因多年苦練，名聲漸盛，某邑武館，聞名特請其開館授徒，徒臨行之際，往拜乃師，其躊躇滿志溢於言表，告別時猶故意用雙手把其師的衣領一提，將老人家掂了一下，帶著沾沾自得、捨我其誰之味道，老者毫不在意，滿面笑容，待徒返身去拾取掛在牆上的大褂時，說時遲那時快，電奔雷馳的在乃徒的脅下打下一掌，當下一口鮮血噴出，肋骨數斷，終身殘廢矣！乃師遽下黑手，因恐其徒日後驕氣更強，非但辱禍師門，恐更招殺身之禍矣！老武師一打，打個徒弟半殘半廢，投子一打，僧子到底領會不領會老禪師的悲心？把個心境弄個清清明明，纖毫不染，半毫無得。朋友，您呢？當您向別人請教的時候，有沒有把您的驕慢自恃的黑水由瓶中傾盡，來欣然誠心的承供智者的清淨甘露?！

　　以漢張良之資質及謙虛，跪著幫黃石公穿了三次鞋子，也不過作了短暫的一國之師，朋友，您若是漫不經心的向人求教，又豈能指望得著多少呢？

附錄

鸚鵡傳奇

　　每回餵鳥，常有隻鸚鵡雜在群雀之中廝混，這隻綠色的扁毛畜生，未必顯得鶴立雞群，反而較輕巧的麻雀來得笨拙。蓋每當撒下滿地的小米，牠總是後知後覺最慢降臨；而一張扁勾子嘴，叨啄起小米更是慢的可憐，等到一有動靜，衆雀紛飛時，這隻呆頭鸚鵡，還是戀戀不捨地上的美食，不挨到最後關頭，絕不輕言撤退，有時蠻爲牠捏把冷汗，深怕慢飛一步，遭了頑皮幼童的毒手，總之，此君鈍頭鈍腦的，不知是那個鳥籠裏的逃犯，看來曾養過牠的主人，大約也聰明不了。

　　每每路人佇足，觀看群雀爭食，多會驚呼：「看！那邊有一隻鸚鵡！」自然，這隻「萬灰塵中一點綠」是顯得那麼有點兒與衆不同。而人類總是樂此不疲的來比較、區別。但鸚鵡知嗎？牠也沒有辦法攬鏡自照，看看自己的模樣，如有，包管嚇一跳，原來自己眞是有點兒「異形」。其實，旣是同樹棲息，由同樣的藍空降下的鳥族一員，更同樣是由生生不息的大能所造出的生命，有必要

分辨的那麼細嗎？再者，這種分類作啥子用，看衆鳥啄食，多麼協調，一對對翅膀，扇盡世間多少小米，干卿底事?!

鸚鵡！鸚鵡！人自賦予其名，牠卻不已知，人自善用名相，競相之餘，外在的名稱形象卻無形中取代了名相的內容及內蘊的生命天機。眞得笨拙的是鸚鵡，還是給鸚鵡取名字的那種動物?!

三一・玄妙之説

僧問：「如何是玄妙之説?」

道吾曰：「莫道我解佛法。」

僧曰：「爭奈學人疑滯何?」

師曰：「何不問老僧?」

僧曰：「問了也。」

師曰：「去! 不是汝存泊處。」

白話簡譯：

僧人問道吾禪師：「要怎樣才是玄妙的見地?」

道吾禪師：「不要以爲我了解佛法(可以回答你的問題)。」

僧人又説：「但是，我很無奈啊，因爲我是有疑惑才想向您請教的。」

道吾禪師：「旣有疑惑，爲甚麼不問我呢?」

僧人回答：「問過啦!」

道吾禪師：「趕快拋下，不是你心念停留所在。」

俗諺有云：說實話往往可以佔到真正的便宜。但，在禪門裏頭，這句話的效應，似乎該打箇七折八扣。蓋有些時候，實心實腦的楞頭和尚，任憑婆心滿腔的老禪師多方的點撥，依然是滿腦混沌，開不上絲毫竅門，更有時，非僅作急跳腳不止的老禪師，連日後捧讀公案的會家子，也急得心焦如焚，恨不能跳入公案代答一番。但，不論怎的，往往公案裏頭的癡僧，到了末了，仍然長不了真見識，增不上半點兒出世智慧，倒真叫人徒呼奈何矣！

　　這宗公案，有點兒上述的味道，師弟之間，不但未能心心契合，活像是搭錯電話線，掛上電話，問的一方，仍然是祇知趙錢孫李，不知尚有周吳鄭王。僧人先問道吾禪師，要怎樣才是玄妙的見地？禪師慈悲之餘，未審稍嫌孟浪，當下即一股腦的把看家寶亮了出來，答說：「莫道我解佛法」。看似未答，形同推託，其實已然直截且婉轉的一語道盡，老禪師意謂：徒兒啊，汝心中若存著佛法中有玄妙之思的話，你的心早已有執有縛，偏逸中道，落在佛家最忌諱的斷常二邊上，而你愚僧，要曉得玄妙之說在佛法上，本來即是一種言語道斷、心行處滅的玄妙，祇有在消除了玄妙、低劣二元化思想之後，才有可能真正了解此種境界。〈信心銘〉上說，「不用求真，唯須息見」即是這層意思。老禪師答話具二層玄機，一層亦在此，另一層在於點明僧人，有疑當問，問後乃

學，自爲學問之道，但禪門講求心悟，而你先執玄妙，後執老僧定爲解惑之人，一執一切執，一悟一切悟，但去執見，眞心自現，無縛無執，是眞玄妙！天台宗裏頭所謂：「……一魔一切魔，一佛一切佛，不出佛界，即是魔界，不二不別……」，因之關鍵僅在迷悟之間而已，那有玄妙不玄妙之別。

好個僧人，聽話聽表面，要懂也困難，接問「爭奈學人疑滯何？」你說你不解佛法，但我實在有疑問，請老師父勉力幫幫，這一番，僧人似乎有點兒「直心是道場」的架勢，老禪師倒也心感，遂又說：「何不問老僧？」老實的和尚自然老實的答曰：「問過了，而且還不祇問一次呢？」這刻換作善使棒的禪師，大約就要打將下去，而道吾禪師，當下震地的一喝「去」，去掉你老兄的小心小腦小執小著吧，你問而再問，充其量就是心中有疑，偏又執拾不下，拿又拿不起，放又放不下，本來這個黑洞就不該進，現在趁早出去，看一看朗朗乾坤，雲淡風輕，世界多美好，那一件不是玄妙中的玄妙，那一件不是平淡中的雋永，偏你憨僧食語不化，枉費我老禪師一片悲懷。

但是，這宗公案是否即如上述所釋，卻也不盡然。可能僧人極其高明，早知佛法無玄妙，祇在迷悟，那裏定有玄妙之說，但卻故意的去問極負盛名的道吾禪師，自有考驗之意，道吾當下看破僧人的斤兩，答個不解佛法，因未上當，僧人再扮豬吃老虎，表明您老說玄妙之

說是不能講的，但是我就是不懂，您老慈悲，想法子敎
敎小僧，道吾此時，方顯出禪家擒賊的手段，放出一隻
長餌，要把僧人心頭那點自以爲全然了達，其實早困死
在淺灘上的證量給合盤勾了出來，就說：「何不問老僧？」
果不出所料，待僧人再度表明自家證量後，老禪師遂重
重的譴道：「速去速去，你那點兒自以爲是，其實早就死
在淺灘上的了達，根本不是你安身立命的所在呢！」朋友，
或許您讀了這公案，卻更有玄妙之解！

　　平日裏聽人講話，學問甚大，有人狀若多眠之蛇，
非但全身縮成一團，連眼皮也懶得搭一下；有人則效入
定老僧，閉目垂簾，似乎言者根本無存；又有不時看錶，
間或抖腿，坐立不安，渾身有如掉在糞坑，極其不自在；
像這般聆聽的態度，非但令言者難堪，自身亦欠莊重，
失掉察納雅言之良機。又聽人講話，不要祇作錄音機，
公案裏頭的直僧，全盤照錄，在腦裏卻起不了大作用，
像這樣子，再問也是白問，應當在恭敬專注聆聽之餘，
更要細細體會，佛法中強調聞、思、修即是這層道理。

　　以前有暇，間或協助蒞臺傳法的西藏喇嘛，口譯（英
譯漢）敎授，有時覺得與傳法喇嘛心意幾乎相通，口述
起來，得心應手，而也感到聽者強烈之共鳴，斯時，眞
是心靈之饗宴，難得的享受。後來看到戴志揚撰的《聆
聽的奧妙》（朱麗文譯，浸信會出版），更體會到語言收
放的要緊，恰當的表達與吸收，會是一種心靈上的諧和，
世俗上人際關係的溝通，自是暢通無比。反之，實心楞

腦加上心不在焉，恐怕負面效果由焉生矣！朋友，當您
聆聽時，是甚麼人模狗樣？

三二・看一字經

> 問僧:「一日看多少經?」
>
> 曰:「或七八或十卷。」
>
> 師曰:「闍黎不會看經。」
>
> 曰:「和尚一日看多少?」
>
> 師曰:「老僧一日祇看一字。」

白話簡譯:

> 詢問某僧人:「你一天看經看多少啊?」
>
> 僧人答:「有時候看七、八卷,有時候看十卷。」
>
> 趙州禪師說:「法師啊,你實在是不會看經啊!」
>
> 僧人反問:「那禪師你一天看經看多少?」
>
> 趙州禪師答:「老僧一天祇是看一個字罷了。」

　　這宗公案,猛看之下,還以為老禪師頭腦短路,僧人正經八百的回答,每日看經七至十卷不等,也算是中規中矩的標準答案了,但老禪師聽若罔聞,直截截地、

冷颼颼地說:「照你這麼回答的樣子，揣測你對看經後的心得體驗，恐怕是不會了」，因為老禪師意在提撕僧人「活」看經書，若一旦得其玄奧，豈不是「六經注我，我注六經」了嗎？但是僧人愚魯，直問直答，一副「死」讀經書的樣子，有點兒像《六祖壇經》中的法達和尚，用功讀誦《法華經》三千部，但是沒有一套深入義理的方法論，不了解《法華經》的宗旨，導致六祖大師呵他為「口誦心不行，即是被經轉」，後來經過六祖的一番開示，法達和尚終於得以「口誦心行，即是轉經」，因而有所了悟，被六祖許為「汝今後方可名念經僧也」。法達幸運碰上了六祖，這公案僧也不差，得著老禪師的點撥。

一天看經一字，當然不是真得用眼去看一字經文，然後撂下，迢參野狐禪去。這一字，透著無比之力道，有如如來佛的一根指頭，心猿孫悟空插翅難逃。這個一字，儒家的孔夫子用來表示他的中心思想。豈不聞「吾道一以貫之」。這個一字，在道家中，也有講求，老子《道德經》中，不是說:「道生一，一生二，二生三，三生萬物」但是這個一字，在禪宗裏頭，在這宗公案，究竟作甚麼解釋，才算得上圓融高妙。

這個一字，並且是祇看一字，在於心中始終不散亂，每日皆得安安定定、祥祥和和讓心住於一種境界上，同時也「祇」能住於這種境界，這般境界，簡單的說，就是一切平等的境界，至道無難，唯嫌揀擇，真正如實了達了佛經所宣示的性空之理，根本上斷除了二元化分立

的思想，讓心中無所偏執，不修不整不散亂，自然的，現象界中的五光十色都透著同樣的宇宙真理，彼此無礙的互相輝映，這種深刻了解而又不執著的智慧，回溯到經文亦不例外，蓋容或字句不同，但字裏行間，亦不過是以不同之措辭來描敍同一至高真理罷了，這個一字經文，即如《金剛經》中形容至高的真理像太陽光一樣，同等的普照世間的一切，雖然世間種種，形象各異，但在太陽光照射之下，非但不能改變妨礙太陽光分毫，同時也反映出現象界的種種是由各種不同之因素互相暫時結合而成，更同時顯示出現象界中一切的一切都是自性空寂的，這個自性空，絕對是普遍、等一的，老禪師語重心長的強調每日觀經一字，主要是想讓僧人由了達經典義理入手，不要作個死讀書被經轉的盲僧，而能由聞入思，繼而再三再四的思維，也就是由讀經而尋義，得到義理之妙後，了然於胸，然後再三再四，時刻間把這個了解，用文火燒，武火鍊，晝鍊夜熬，如同王陽明先生所主張的「事上磨鍊」，如此歷經千錘百鍊，達到爐火純青，萬流歸宗，濃得化不開，融成心靈上一點絕對之真理之光，這樣的了悟、境界，轉換成語言的層次，正是老禪師所言：「老僧每日看經祇看一字！」

〈信心銘〉中說得好，「一即一切，一切即一」，文字不過是表達義理的工具之一，由文字而進入觀照，時時的攝心持義，反覆的深省，最後晉登「實相」的境界，所謂實相，簡單的說，即是現象界中的形形色色的內部

所本具之宇宙間最高、最終究的眞理，這個眞理，你可以用一來作個象徵性的代表，但最好是甚麼也不要賣弄，維摩大士即曾恰到好處的在《維摩詰經》中表示出這種「聖默然」的架勢，但是，在這樁公案中，僧人如此駑鈍的可愛，老禪師大約也不敢師法維摩大士，給他來個「聖默然」了。

現代教育(指廣義的)，不知是成功還是失敗，但感覺中，媒介多了，資訊來源也多，作爲一個現代人，該吸收的文化、該了解的知識，眞是一天二十四小時，全力吸取，也應接不暇，甚或處在知識爆發的今日，經常有消化不良之危機意識產生。試想人生不過數十寒暑，我人既然目前（至少目前）不能全然脫離社會，獨自淸心自在，勢必交際往還，內心若不能有效率吸取各種文化、知識，在社會上，將會是既不能參與，又不能表達的可憐蟲。但是，如何避免消化不良、胡亂吸取的毛病，而能善巧利用時間，充實自我？就須有一套吸收、分解、融合知識文化的方法論了。這套方法論，每個人都可以匠心獨運來製作，大匠誨人，也祇能示人以規矩，老禪師婆心如此之深切，也只是說到一字而止，至於對「一」的領悟，甚或運用「一」到達「一切」，還是靠個人的自強的，不要懵懵懂懂的作法達僧，要作一個以深度智慧爲基礎，善巧融合吸收一切的六祖、趙州老禪衲。朋友，您說是嗎?!

三三・日日好日

雲門垂語云：「十五日已前不問汝，十五日後道將一句來。」
自代云：「日日是好日。」

白話簡譯：

雲門禪師問：「一個月中間，前十五天，不問你，後十五天過後，再請你說說看，倒底那一日是最美好的?」
自答：「其實啊，每天都是最美好的!」

記得某電視臺曾播映電視劇「天天天藍」，頗受歡迎，該劇主題曲更曾充斥一時，而今卻似乎大音希聲，已不復聞，而氣候亦晴時多雲偶陣雨，時而陰靄，時而細雨，非僅秋風秋雨愁煞人，尙且寒流數襲，白碧留山，眞可謂日日無瑞陽，月月寒意添，要說日日是好日，不是過分樂觀，即是頭腦短路。但，古之禪師，明心見性的工夫，想必高人一等，老禪師口裏嘮叨「日日是好日」，倒

底流出甚麼心法，一展手間，就把個乾坤定位，竟日裏百花齊放，熙陽襲人，萬物普育呢?!

　　老禪師嘆世間人，眼花目眩，爲時而轉，過了今日，盼望明天，希望明天會更好，過了上半月，自認了無創意，就盼著下半月，倖彼鯉躍龍門，威嚇四方。如此也許存著希望，藉之鼓動生機，卻未能腳跟著地，實實在在的融在每分每秒的當下之中。其實日日皆好日，那裏須要夾在失望、希望的時間妄流之中，祇要活的充實、自在，心裏頭不要窩藏著得失，儘存著計較，日日那能是惡日。《中庸》裏頭說得好:「君子素其位而行，不願乎其外。素富貴，行乎富貴；素貧賤，行乎貧賤；素夷狄，行乎夷狄；素患難，行乎患難。君子無入而不自得焉。」「在上位，不陵下，在下位，不援上。正己而不求於人，則無怨。上不怨天，下不尤人。故君子居易以俟命，小人行險以徼幸。」漫無目的的去寄望未來，妄求非分的利益，豈不是「行險以徼幸」? 反之，能安於平易的地位，不怨天不尤人，事事立定腳跟，就現處之地位去做應做之事，則不論是身處患難、貧富，甚而蠻狄之邦，都怡然自得，天君泰然，時時洋洋灑灑、燕燕申申，刻刻平平和和、蓬蓬勃勃，自然那裏還需要寄望明朝。試問若到明日，還是烏雲滿心，則是否又要寄望另一明朝，如此一來，豈不落在起落不停宛如股市之無窮煩惱之中?!

　　記得某禪師，苦不得悟徹，一日，偶過肉肆，見一

群家庭主婦，爭相在一肉攤上買豬肉，衆口一聲的都要肉販子切下最好的肉給自己，憨直的肉販，不勝其請，猛得把刀往肉案上一劈，氣沖沖的回道：「每一塊肉，都是好肉，妳們說，那一塊不是好肉?」姑不論是否屬實，禪師卻一聞之下剎時恍然大悟，是啊！肉肉是好肉，事事皆圓融、平等，祇要去掉一己妄自分辨的情緒化心理，至道其實就在眼前，對人對事，務需以理性爲統帥，圓融的調和一切。如果愛之欲其生，怨之欲其死，時愛時憎，時生時死，陷在二元化之矛盾的對立情緒漩渦之中，心靈自是難以安適，怨天尤人的爛話，自是無時無地滿天亂吐，到了末了，自家變成了人見人厭避之猶恐不及的大厭物，試問：大厭物的明日，會有希望嗎?!

老禪師高明，夠狠。扛著紅旗反紅旗，前十五後十五，表面二分，自道一句：日日是好日，其實打破二分，一旦慧目窺破，日日現成，自然平等，蓋好也罷，壞也罷，其實都不過是自心受著外界事物的情緒化反應，自己不作主，卻讓喜怒哀樂盤踞，愈久愈愚昧，一半像煞豬圈裏的豬，坐吃等死；另一半卻像恨火滿膺的毒蛇，一股怨懟總沒法子發抒，一個人，若像這般的豬蛇纏身，怎會得到眞正的心平氣和呢? 也自然日日霉煞窘透。

朋友，您能讓心頭藍天，佈滿你生活的每一個時、空嗎? 您能珍惜每分每秒，充實有益的利用嗎?

三四・龐蘊江水

龐蘊參問馬祖云：「不與萬法爲侶者，是什麼人？」
祖云：「待汝一口吸盡西江水，即向汝道。」
居士言下頓領玄旨。

白話簡譯：

龐蘊居士參訪馬祖禪師，向馬祖請教：「那位身處在現象界萬象之內，而卻能夠不與之夾雜不清的，到底是甚麼人？」

馬祖回答：「等到你能夠一口吸盡西江的水的時候，就告訴你。」

龐蘊聽了之後頓然領悟到老禪師的弦外之音，而有所悟。

西江水，依然流，馬大師與龐居士，今何在？一口吞盡西江帶月水，好個肚量。輕舟早過萬重山，何其悠游。禪宗豪傑，的是氣概非凡，踏殺天下捨馬祖莫屬，

為何卻強人所難，硬逼龐居士喝下一江糊塗水，方纔剖心商量？

這宗公案，祇可直想，不必巧思。一口吞盡西江水，儘世無一人可為，是以馬祖永不得告知「不與萬法為侶者」究係何等人，居士言下頓領玄要，蓋體會弦外之音，點出根本無法以語言完全解說超出語言之「不與萬法為侶」之境界，此境界，言語道斷、心行處滅，隻眼慧鑑三千界，那有閒嘴胡描的份兒！〈證道歌〉所說的：「萬象森羅影現中，一顆圓光非內外」「了了見，無一物，亦無人，亦無佛，大千沙界海中漚，一切聖賢如電拂」，可為參考。

水，依心理學家雍格氏之解釋，係深度心理（集體無意識）中智慧象徵，他本人一生，多在湖畔簡屋而居，意藉一潭淨水，潤滌心靈也。相傳錫克教創教人，未創教前，一日在河水內沐身，忽不見所蹤，三日後於原地湧出，變成一位開悟的先知，遂而創教，利益眾生。再如中國儒家「仁者樂山，智者樂水」，以智者應世而變，居易俟時，皆隱喻觀水有得，心靈智湖湧現之意。至於老子更是對水推崇備至，認為「上善若水，利萬物而不爭」「夫唯不爭，故無尤」。佛教中，相傳聖龍樹菩薩曾到大海中龍宮，見到比人間多十倍的經典，莫非也是暗示大海之水乃智慧之源。

藏傳佛教噶居派雍蔣多吉尊者於其偉著《大手印願文》中如是云：「上師及諸壇城本尊眾　十方三世諸佛及

佛子　憫念於我於我所發願　助令如願成就卻加持　願我及諸無邊有情衆　所作一切身心清淨業　如彼雪山流出清溪水　離三輪垢善聚之河流　皆得趨入四身佛海中　願於乃至未能得此間　生生世世一切諸時中　罪苦之聲少分亦不聞　恒常受用如海善樂德……」（本文係錄自張澄基敎授舊譯），藉著溪水、河流及大海，恢宏的開啓了小我的心胸及抱負，這般心量，應當學習。

　　即便如是，依然應保任自己之天眞本元，龐居士領得玄意後，自家內心中久蘊不消的梗介，頓時暢通無阻，刹時若有所悟，了達「得時不說知、說似一物卻不中」的境界，思想、智慧更加凝鍊、昇華，不在話下。禪師的睿智，加上弟子的悟性，往往是傳世公案之先決條件，後人看公案，不應陷入文字、語意的迷思，要將文字帶進觀照，再由觀照中還原出公案的智慧，再把智慧化成點點繁星，遍佈在心靈上每一個空間，閃爍著活生生的光茫才對！

　　或有人謂：老兄，別白癡了，馬祖所言，不過是搪塞語耳，認不得眞，更用不著替他瞎開解。但，儘管是搪塞之辭，言不由衷，居士當下卻「頓領玄旨」，禪門首重開悟，管它黑貓、白貓，能抓鼠者即爲好乖貓，禪師遞話，管它人話、鬼話、神話，祇要應語而悟，就是法語，搪塞不搪塞，由不得第三者。況且，一旦豁然開悟，已然渡過彼岸，金舟也好，爛木竹筏也罷，一體看待，統統拋到九霄雲外，還要再踢一脚，叫它們永不回航，

屆時，那還有甚麼搪塞不搪塞?!

　　朋友，當您聽人說話時，能準確的抓住「弦外之音」，而不致錯會其意，表錯己情嗎?

三五・南泉斬貓

南泉和尚因東西兩堂爭貓兒，泉乃提起云：「大衆
道得即救，道不得即斬卻也。」衆無對，泉遂斬之，
晚趙州外歸，泉舉似州，州乃脫屨安頭上而出，
泉云：「子若在，即救得貓兒也。」

白話簡譯：

　　南泉禪師因爲禪寺内東西兩堂和尚爭貓，就提起貓，
向僧衆說：「你們大家說個理來，就可救了這貓兒的一命，
否則就要殺掉牠。」大衆都沒有人出來說理，南泉就毫不
客氣的斬掉這隻貓。到了晚上，趙州禪師由外面回寺，
南泉把前因後果都和趙州敍說一番，趙州一語不發，脫
了自己的布鞋，將之放在自己頂上，徐徐的出去。南泉
禪師見了說：「你當時若在，就可以救貓兒的一條命了。」

　　險！險！險！俊貓惹上南泉大師，命若懸絲。慘！
慘！慘！怎奈衆僧宛如啞羊，噤聲不救，讓南泉老屠一

刀揮來，便是九命怪貓，也魂飛魄散。冤！冤！冤！無辜身亡，卻東西兩堂一群和尚，一個也沒激悟。怨！怨！怨！趙州晚回一步，若在，便救得貓兒。唯如此，則東西兩堂豈不又再起爭端？！再者，佛教常說：救人一命，勝造七級浮屠，又曰：眾生皆有佛性，貓命雖賤，好歹亦是小命一條，為何南泉禪師，得道高僧，殺隻貓咪，卻顯得比捏隻螞蟻還輕鬆百倍，非但麻木，尚且不仁，難不成內中透著隱情，非南泉不為，非趙州莫救，東西兩堂觀眾，看足了鬧劇，依舊如癡如醉，正好一齊倒下，作個糊塗死活人！

其實，本件公案裏頭，南泉口稱道得即救，道不得即斬，只不過是句場面話，認不得真，蓋既便是釋迦牟尼佛應聲對話，南泉亦有可能搖頭嘆曰：道不得，道不得！主權完全操之在南泉，豈有他人置啄餘地。趙州也是個悟家，一聽他人講敘，即了知南泉技倆，遂以其人之道，還治其人之身，以默劇演出他的招式：「州乃脫履安頭上而出」，脫履者，頭表主宰，履置頭頂，表遭人制踏住，主宰全憑南泉，你南泉老禪，有夠奸詐，但認道得即道得，本無商量，獨裁禪師當之無愧。但，趙州另有身體語言，倒行而出，表倒行逆施，勿論你南泉如何放矢，管教你矢矢落空，反食苦果。因趙州以其人之道還其人之身，剎時反客為主，勿論我之答語為啥，令南泉只得俯首稱善，而予放生。況且，你南泉老人，堂堂高僧，放著禪道不參，反而殘害生靈，有失慈悲，我趙

州一招太極逆化勁道，直震得南泉當下歇兵，悄悄的收回買賣。

記得以前看過一篇小說，大意敍說一位青年因某事忤逆了撒旦，撒旦立誓，要讓這個倒楣小子任何所求，皆與願相違，讓其一生潦倒，死後再下地獄伺候老魔頭。自然啦，這位男主角起先諸般不順，連坐在家中也不安穩生怕禍從天降。但，他的聰明妻子，提醒了他，任何事，只要先作反面的承諾，撒旦爲了維繫尊嚴及信用，反而運用魔界一切力量，來使之變爲正面之保證，那他豈不是因而否極泰來，把撒旦巧妙的變爲自己成功的工具，比如說，男主角一早起來，一定會跟他妻子說：「我跟妳打賭，我今天一定會很不順利。」撒旦聽及，迫於誓言，祇有調動牛頭馬面，讓這個小子一天順順當當，無災無病，生官發財一番。本件公案裏的趙州，也是應用了雷同的反制技巧，刹時間，可憐蟲變成了天霸王，南泉祇得暫停攻勢，作個無事人，趙州代貓出了口冤氣，自也知進退，從此東西兩堂和尙，不再爭貓鬥狗，專心參禪，也是一椿功德。

唯，南泉禪師眞得不守戒律，毫無悲心嗎？非也！非也！在≪大般若經≫第十會＜般若理趣分＞中明明說：「若有得聞如是般若波羅蜜多甚深理趣。信解受持讀誦修習。假使殺害三界所攝一切有情。而不由斯復墜於地獄傍生鬼界。以能調伏一切煩惱惡業等故。常生善趣受勝妙樂。修諸菩薩摩訶薩行。疾證無上正等菩提。」南

泉大師自己修禪得悟，甚深般若理趣了然於心，更具足了一付好心腸，絲毫不在意個人之毀譽，把個貓咪當成了藥引子，希望能由而激現一、二顆禪壇的慧星，孰料二堂和尚，成了啞羊，任人擺布，沒有一個挺身而出，一手抓起寵物，一腳把南泉踢到黃泉，就是缺乏如此氣魄的真正禪者，大夥在那兒軟叭叭的作變形蟲，作一天和尚，撞一天鐘，也令南泉不得不再下重藥，揮起了無生寶刀，斷送貓命一條，一刀劃下，生死立判，生我之門，即死我之戶，真正的解脫在於不求生死，亦不求涅槃，生即死，死即生，大死一次，方得重生，你眾愚僧啊，應當有所覺悟。可惜，南泉賠上自家薄名，賺得一群糊塗蟲。趙州更是趁火打劫，事後放馬後炮，不但於事無補，反更顯得東西兩堂無禪才，作秀作到自家地盤，也該收斂點兒才是。

　　兩堂爭貓，表眾情不穩，若不適當處理，倒真禪風難久，南泉非但心明，尚且手快，具領眾本領，當下一刀斬卻，省了日後多少閒是非，看似無情卻有情，悲心一片遍布太虛。在西藏密宗，南泉所為稱之為空悲不二或悲智雙融，在南泉大師的身教言教裏，表現的淋漓盡致，趙州也是個識貨買家，得到南泉的傳承，倒也稱頭。我們日常處事處人，遇有情況，儘當成竹在胸、智珠在握，針對大原則下手，一刀斬卻病根，痛也祇是一下，否則，姑息妥協，又無善策疏導，到頭來豈不疼痛連連遍及全身，就回天乏術了，朋友，您說是嗎？

三六・眞佛屋坐

趙州上堂曰：「金佛不度爐，木佛不度火，泥佛不
度水，眞佛屋裏坐。」

白話簡譯：

趙州禪師有一天在禪堂裏開示：「金質的佛像難度過
爐火之劫，木質的則度不了火的考驗，泥質的則逃不過
水的浸泡，祇有自心的眞性佛在屋裏安然的坐著。」

俗諺：「眞金不怕火煉」、「赴湯蹈火，在所不辭」，
遇上趙州禪師這句毒話，豈不形同黑白講，打入冷宮，
永世不復再用。但，佛典裏頭，經常明明白白的說：「則
其人直至終身。器械不能傷。藥毒不能害。火不能焚。
水不能漂。寶毒不能害……凡一切損害。一切障礙。一
切邪行。皆不能損害於我。」卻緣何讓趙州一竿子，打翻
了一船佛，自度都不得，何堪度世？又緣何趙州老禪笑
呵呵的，全不在意，端個古佛架勢，老神在在的說：「眞

佛屋裏坐」，迴看自家簡陋小屋裏坐著的，卻是前世冤親今世債主的黃臉婆子，那兒來的真佛屋裏坐？簡直愛說笑！

其實，這層公案，趙州老禪師，頗具悲心，四句話，打破偶像崇拜、盲目執著，一把三昧真火，配一掬清淨甘露，再加個比核爐還旺十倍的太上老君煉丹爐，水火濟濟，一股作氣的把大小諸佛，莫論是金銀銅鐵、土木玉石，全部送作堆，回到父母未生前之面目——無何有之鄉去也。更妙的是，趙州大師此數句話，表明了佛教最簡、最深、最高的真理，釋迦牟尼佛在南傳《涅槃經》中就曾說過，凡物一出生，終必損滅，若不損滅，當無是理。金佛難過爐關，木土之佛，亦難逃火水，無常一到，萬物紛滅，天地不仁，以萬物為芻狗，無常自空，無一倖免，到此地步，一空一切空，那還有啥子金佛、木佛、土佛之別，若證此沒有分別的心，真佛自然在自家心宅中穩穩坐著。理所當然的，最高票當選，作一位「不除妄想不求真，六臂三頭努力瞋，一劈華山分兩路，萬年流水不知春」的絕學無為閒道人。

金佛不度爐，空。木佛不度火，空。泥佛不度水，空。趙州高明，在於再三點醒大家要三空，首先我空，自家燒乾淨，斷除對自我之執著；次則法空，淨除對世間萬事萬物的迷惘與難以割捨；三則畢竟皆空，將對我空、法空的了解，再向上昇華一番，則泥菩薩非但自身能保，尚可深深海底行，高高山頂立矣。在西藏密宗，

有金剛亥母的修持法門，噶居派尤將之當作重要本尊來祈修。此位本尊有一咒語稱之爲「三吽（音轟）」咒，蓋咒語中有三吽字相連，身體姿勢及誦持依法施爲，意更需配合，方合密宗三密合一之要求。因之，及誦三吽字時，一吽，作人空意想。二吽，作法空意想。三吽，作畢竟空意想。三空之下，萬化冥然，靈光獨照，但離妄緣，即如如佛，我即金剛亥母，金剛亥母即我，圓融不二，一切平等。水裏、火裏、爐內爐外，縱橫自在，一位活生生的無位古佛，在自家屋裏與趙州禪師分半座而坐。

其實，這重公案的理念，擺在世俗上，也頗合宜。金佛，喻徒飾面門，充海派搞場面，金玉其外，敗絮其中，一朝破敗，自經不得考驗。木佛，喻木頭木腦，處事呆板，不曉變通，遭智慧火焰一熏則成灰燼。泥佛，喻拖泥帶水，欠缺明利，風平浪靜時，尚勉強載浮載沈，一旦波濤洶湧，白浪濁天之際，直如泥牛入海般，則一去不返。在世上唯有事事謹慎小心，兢兢業業，慎始敬終，處處以誠待人，收斂一己之任性，葆元固本，自在天眞，才不會於遭到橫逆時，翻身不得，束手無策，坐以待斃。

朋友，世道難，難於上青天，爲人處事勿金勿木勿土，祇拿定一個「誠」字在心頭，水火自濟體安然，您說是嗎?!

三七・北斗藏身

　　雲門因僧問：「如何是透法身句？」
　　師曰：「北斗裏藏身。」

白話簡譯：

　　有僧人問雲門禪師：「超越法身的形容文句，你怎麼
説？」
　　雲門回答：「北斗星裏頭藏身。」

　　這個公案，和尚的問話，照禪宗的說法，有點兒頭
上安頭，蓋法身，明明是佛教裏頭佛的三身（或四身）
之一，代表最高覺悟之真理，既然是真理，即無形無相，
既屬最高就是再無更高的與之比肩。因之，發問的和尚，
既無邏輯觀念，又欠思維訓練，試問那有明理之人，會
唐突的抓著禪師問：「請告訴我，那個超越最高真理的該
叫作甚麼？」既是最高，就不可能被超越；如能被超越，
就絕不是最高的，此理最明不過。但這般的質疑，頗類

西方宗教上探討「上帝的上帝」，其態度還頗為嚴肅，因此，也不必全然認為僧人無知，要之，既發此問，雲門當下大開方便之門，既不棒喝，也不拳打腳踢，反而正經八百的回了一句：「北斗裏藏身。」北斗七星，堪稱指路明星，居於大空之中，不礙其德，不故意炫爍，反內蘊其光，含藏自古不變，雲門曰北斗裏藏身，倒頗令人深思。

《論語》裏說：為政以德，譬如北辰，居其所，而眾星拱之。北斗諸星，得其位，眾星自然環擁，儼然至尊，但，這一切乃天時、地利、人和之自然配合，全無一絲做作、煙火氣息，法身就是這種最平衡、最美妙、最美妙的宇宙諧調，擴而言之，眾星普爍，此起彼滅，星移斗轉，萬古常新，都是這種境界，也都可稱之為法身，〈信心銘〉所說的「無在不在，十方目前，極小同大，忘絕境界，極大同小，不見邊表。」亦是此意。但，為何要頭上安頭，雲門用北斗裏藏身其理安在？此意不外以「北斗星藏身在北斗星裏」，來形容至高真理上之至高真理，其實也還是原先之至高真理罷了。〈信心銘〉裏，則用「歸根得旨，隨照失宗，須臾返照，勝卻前空」，表明「法身」北斗，遍照大空之際，有時自然的向本身返藏一下，形式上似乎可令法身更昇華些，但實質上，法身已是絕對最高之真理，如何的藏，也不過自身的卷舒罷了。

唐朝的一行禪師，精通密教的修鍊，傳說他少年時

的恩人老嫗，有次求他設法向當時唐朝皇帝說情，赦免她兒子之死罪，一行當時未即答應，老婦憤而責其忘恩負義，一行禪師其實卻在暗中密修咒法，囑親信到花園持七缸伫候，到夜半時分，若見有豬隻出現，立即捕捉，置入缸中，加以密封，屆時，果然花園中出現七頭豬仔，親信依囑爲之，至後，皇帝的天文官吏，緊急告難：北斗七星突然不現，如此星變，恐有大禍，皇帝急召一行禪師，詢問對策。一行乃向皇帝建議唯有大赦天下，可免星厄，禪師亦允修禳復星，待皇帝下令大赦天下，間接巧妙的救了老婦之子後，一行即打碎七缸，說也奇怪，星空中北斗七星又閃耀如初了。相傳一行禪師即是修鍊了密宗摩利支天佛母的法門，來暫時的隱蔽了七星，此事未必屬實，但西藏密宗中，就有摩利支天佛母坐在車上，駕御著七頭金豬的法相，此亦象徵著她統領著七位星君。而在道教裏，也有著斗姆（或斗姥）的修鍊法門，斗姆者，北斗七星之母也，也是凌越七星的意思。總之，在理論上，若能統領七星，必須是至德中的至德，兼以佛母乃出生諸佛之母，因之，以「北斗裏藏身」更予比擬，自也不爲過了。

說到這裏，有人說：你別亂蓋了，騙死人不償命。明明人在地面，北斗星在天上，不可能到北斗星上藏身的，因之，「透法身句」也就不必再費神構思，因爲「透法身」本身即如同北斗藏身般的不可能，也因此請你和尚老兄，好好再返觀一下自心覺著那個似一物皆不中，

萬般皆不是的「法身」，到此境界，大約也不會儘問些傻話了。又關於「北斗裏藏身」，陸象山生前每喜誦之智通禪師臨終偈：「仰首攀南斗。翻身依北辰。舉頭天外望。無我這般人。」您老兄倒很可拿來作一些參互，省得頭腦混凝土，吐字不清。

萬籟皆寂，獨北辰高掛，象君子之德，大人之心性。朋友，您嚮往齋月光天、空含大地的胸襟嗎？您願意試著作默默燭人的人生領航員嗎？

三八・前後三三㈠

臺山翁因無著文喜遊五台，翁牽牛飲水，導入，

問：「近自何來？」

著曰：「南方。」

問：「南方佛法如何住持？」

曰：「末法比丘，少奉戒律。」

問：「多少眾？」

曰：「或三百，或五百。」

著卻問：「此間如何住持？」

翁曰：「龍蛇混雜，凡聖同居。」

曰：「多少眾？」

翁曰：「前三三後三三。」

白話簡譯：

　　臺山翁曉得無著文喜禪師喜歡遊五台山，就在五台山金剛崛一帶，故意牽著牛飲水，藉著交談，把文喜請入自己的廟內，雙方坐定，開始寒暄一番：

臺山翁問：「禪師最近從哪兒來啊？」

文喜答：「南方。」

翁問：「南方的佛法是個怎樣的現況？」

文喜答：「已到末法時代，和尚很少有遵守戒律的。」

翁問：「南方有多少出家人？」

文喜答：「或者三百，或者五百。」

文喜反問：「那麼，請教此地的佛法及風氣現況如何啊？」

臺山翁答：「龍跟蛇混雜，凡夫與聖賢同住。」

文喜又問：「此地出家人有多少啊？」

臺山翁答：「前三三，後三三。」

《六祖壇經》裏記載，法達和尚問六祖慧能，《法華經》中羊車、鹿車及白牛中的區別，六祖以為其實是佛與其他三乘人知見上的區別，六祖更認為《法華經》上說得很明白，祇是法達自己迷背而已，因此六祖在《壇經》上說：「諸三乘人。不能測佛智。患在度量也。饒伊盡思共推。轉加懸遠。」凡夫之不能開展佛智，過錯在於小鼻子小眼的去計算、度量，一顆心也因之而七扯八扭九轉十八彎，那還有空間容得下「佛智」，計較了半天，一顆心，全讓七情六慾霸佔，如何見性，如何進入佛之知見？！

數字，是計度籌謀的工具，若說現代是數字的時代，也不為甚過。在古代，也用的勤的很。臺山翁與文喜禪

師之間有趣的對話，皆與數目、方向、計度有關，這重公案，二位主角都很高明，不在於相傳臺山翁即是文殊菩薩之化身，文殊智慧第一，自然化身也就高顯無匹了。而是由公案對話來看，二位都巧妙的用方向、數字，表達了自家對佛法真理的看法，而卻絕未陷在數字計度陷阱之內形同凡夫。一開始，就地分南北，而舉凡僧數、僧質都是二分，但兩位大師的高明，即於巧妙的運用「二而不二」「不二而二」，以無二的本元心體中，流出看似二元化的言論，但溯本還源，就可悟及二人其實總在不動無二的心體上談禪論道的。

六祖慧能大師在《壇經》裏明白提示：「人雖有南北，佛性本無南北。」難不成臺山翁與文喜，一級笨蛋，連這層道理也不知曉?! 因之，這層公案，問南問北，南答北答，不妨併一處觀，更可見真章。再問南方佛法如何? 文喜答：「末法比丘，少奉戒律。」此不亦是同於臺山翁所答：「龍蛇混雜，凡聖同居。」蓋持戒者少，自然蛇龍混雜，凡聖同居矣。又問：「多少眾?」文喜先答：「或三百，或五百。」表三五成群之意，藉數字表達了非數字之概念，等於是說一群一群的出家眾，講了同無講一般。繼之，臺山翁答：「前三三，後三三。」其實也是同於文喜之不確定，只是講得更巧妙、細緻，等於有人問臺灣有幾家 7-11 超商，卻答以「到處都是」一樣，更等於「佛說『不可說，不可說』」，蓋此答表面擺著數字遊戲擂臺賽，文喜若一時不察，落在三三究是多少之

數坑裏，就難以出來，而擂臺骨子裏卻流著斷除度量之一貫禪家血脈，文喜禪師想必是大行家，保持沈默，不見得不知。

二位主角，出入佛見，同體大用，藉著數句問答，表明了南來北往，本是一家。得戒失戒，悉在僧數。而一己修行，即便身處龍蛇，當泯卻凡聖之心，把計度心清潔溜溜，自然得以居聖不驕，處凡不厭，凡聖同居，和光同塵，泰然自若，與《中庸》裏頭所說：「君子無入而不自得」，有幾分相近。

文喜禪師眼巴巴的跑到五台山峰，碰到個臺山翁，幾乎讓乃翁搶了機先，佔盡上風，臺山翁，十分老奸，所答的話與文喜所答，詞異義同，等於文喜傾心相告，臺山翁卻隻言未答。獲到這般高人，也是三生有幸。其實這重公案，猶有許多後續，其中之一，敍說文喜禪師告辭之際，猶然不解「前三三後三三是多少」，抓著臺山翁的侍童，纏問不休。「前三三，後三三」到底是多少？前後且作秤之兩頭觀，既然二頭皆是三三，當然平衡，喻平等一如，不必苦思細審到底三三是多少？蓋掛萬猶且漏一，我臺山翁卻保持住此廣大如天之心秤，你文喜的問題放在前秤，後秤擺得則是恰好達到平衡點的答案，如此一勞永逸，並且無咎，完全圓滿。到底三三是多少？恰恰應了一句俗話：該你多少債，就還多少錢，衆家和尚子該有多少人，就是多少人，不是嗎？

南北和氣一團，佛法倒是已屆末法，龍蛇混雜之餘，

守清規的本份出家人，自然看不下去，文喜禪師大約是個本份僧，所以大慨：「末法比丘，少奉戒律。」言下之意，頗爲不滿，臺山翁看出此點，後來說凡聖同居，倒是一片好心，指點文喜不要儘拿戒律量人量事，旣玆末法，若不能兼善天下，也當獨善己身之餘，居污泥而不染，和光同塵，還是要施展文喜和尙出家人的本懷，作佛家的度生工作才是，儘是矻矻然的自怨，才正是少奉戒律中的少奉戒律。

這重公案，若再細究，臺山翁牽牛飲水，也有講究。牛者，心也，牽牛飲水，表乃翁自道證量已然調伏心識，見文喜有緣，導入，即入乃翁無分別宮殿，後續公案中有文喜求住一宿，乃翁以其執著過深，予以峻拒，表其尙不配住於無執無著之心靈殿堂。唯，這重公案，數字、方向加計度，硬是搞得腦袋瓜子超負荷，差點兒當機，思維至此，猛抬頭，見到壁懸鄭板橋書「難得糊塗」四個大字，誠然，天下本無事，庸人自擾之，山僧遍野，何堪勝數，文喜與臺山翁兩個機伶人，沾不得，且休且休，兩眼全閉，暫時停機，一覺到天明。

朋友，應對須得體，言談貴有物，但凡與人寒暄，切忌多言，空談闊論，當虛心聆聽，簡答爲要，尤切忌故弄玄妙，令人丈二，非但費時，亦且誤導，朋友，您說是嗎?!

三九‧前後三三(二)

臺山翁與無著文喜禪師喫茶，拈起玻璃盞問：「南方還這個麼？」

曰：「無。」

翁曰：「尋常將什麼喫茶？」

著無對。

翁因日晚，著曰：「擬投一宿否？」

翁曰：「汝有執心在，不得。」

曰：「無執心。」

翁：「汝受戒否？」

曰：「受戒久矣！」

翁曰：「既無執心，何用受戒？」著辭。

翁令均提童子相送。

著問：「前三三後三三是多少？」

童曰：「大德。」

著曰：「諾！」

童：「是多少？」

無著見化寺無額，問童子曰：「此寺名什麼？」

童子以手指金剛背後曰：「看！看！」

著回首，寺乃隱。

白話簡譯：

臺山翁接著跟文喜禪師飲茶聊天，臺山翁拈起茶杯問文喜：「南方還有這個（執著）嗎？」

文喜：「沒有。」

臺山翁：「（既然答案是沒有）那麼請問您，南方（的佛法界）是用甚麼（器皿）來喝茶？」

文喜禪師無言以對。

臺山翁示意天色已晚，文喜請求：「想要借宿貴寺一晚，不知可不可以？」

臺山翁：「你因爲有執著心存著，所以不得借住在寺內。」

文喜：「我沒有執著心的。」

臺山翁：「你總受過戒吧。」

文喜：「我（非但受過）受戒的時期已很長久。」

臺山翁：「你既然自稱已然沒有執著心，那麼請敎你何必去受戒？」文喜禪師又啞口無言以對。

無奈祇得告辭，摸黑上路，臺山翁命均提童子拿著燈籠相送一程。

文喜禪師心中還惦記著北方的僧數，就問：「前三三後三三，到底是多少數目？」

均提童子卻召喚文喜:「大德!」

文喜應聲:「諾。」

均提童子接著反問文喜:「是多少?」

文喜禪師又看到臺山翁的寺院沒有寺名匾額高掛,又問童子:「貴寶寺叫何名稱?」

均提童子用手指著金剛背後說:「看。」

文喜回頭去看,再轉回身來,寺院及童子都消逝不見了。

禪宗公案,泰半是對話,若旗鼓相當,你來我往,殺人刀,活人劍,槍槍見血,分寸見肉,到末了,卻會心互笑,一笑黃河清,萬古常新。若是一強一弱,勉強出招,險。勉力招架,慘。一鼓作氣,不知蓄勁,再而竭,三而衰,敗。往往勝者難掩失望之情,頻呼蒼天,敗者卻依舊不知,瞪著眼依然參他個阿達禪去也。本層公案,頗似後者,替文喜急,替文喜惜,更替文喜屈,祇是「滿紙荒唐言,一把辛酸淚,都云作者癡,誰解其中味?」君非臺山翁,何解其中味?!

何急,急文喜不知臺山翁話裏玄機,難明空穴始來風,雲密月自暗之理。何惜,惜文喜厚緣遇上文殊菩薩,卻未攀龍附鳳,沾點兒佛光,落得個入寶山空手而歸,徒遭後人嘆惜。何屈,前三三後三三,考倒文喜,未免不公,文喜禪師既係性情中人,篤守規律,應有其他方便,提拔令悟。何以前後三三,令之墮入數障,終而不

獲開悟，咎在臺山翁，與文喜何干?!

　　這重公案，文喜禪師，有一不自知、喜犯之癖習——執著。蓋一場公案，通篇執著。公案開始，文喜禪師即睜著眼說瞎話，答覆臺山翁對飲茶用具已無執著，隱隱表示日常生活隨心適意，吃飯時吃飯，睡覺時睡覺，入出生活而毫不爲生活所擾，此答儘是高妙，把個一切皆空當場面話應酬，詎料當臺山翁逼問：「（既然已到此境界），尋常將甚麼喫茶?」文喜卻無言以對，充分顯示文喜執空不化的尷尬。繼而求宿一夜，想效法《六祖壇經》裏的一宿覺永嘉禪師，卻遭峻拒，理由很簡單，你文喜老哥，有著執著心作怪，抱歉，住不得我這個無執無著之心靈殿堂。臺山直言，文喜也未領會。死槓硬充面子，辯道沒有執著之心啊！臺山翁祇得再點他，問文喜：「既無執心，何用受戒?」分明是執著世有種種善惡，希望以戒斷惡，唯念念戒，即念念執，舉手投足，起心動念，皆求合戒合律，反而自縛己身，無所不執矣。似此，自爲臺山翁不屑，拒與之同處無執之室矣。

　　心靈導師克里希那穆提說過持戒的真正意義在於讓人們不斷的學習。六祖慧能在《壇經》有偈曰：「心平何用持戒」。寒山子曾牽牛去騷擾老僧傳戒，老僧申斥之，寒山子說：「無瞋即見戒，心淨即出家，我性與你合，一切法如是」，都在說明若斷除了兩元化執著心就是真正的守戒，不然，表面上虛應故事的守戒，不但未得清淨內心真正的亂根，還可能與真理愈離愈遠呢。大乘佛教裏

說慈心、悲心與平等心，是戒律的真諦，也是這層道理。這宗公案裏頭，文喜禪師以戒爲傲，以戒品人，以戒論事，處處拿戒作榜樣，自己就是個釋教的樣板幹部、佛小兵，卻忘了，自己也同時犯了佛教之大忌，佛門雖廣，亦不納無根之人，臺山翁雖屢施援手，點撥文喜，唯事不過三，祇得把個實頭實腦的文喜和尚轟到廟外餵蚊子，如此乃翁也才堪向自家子心裏無位真人辦交待，免得無位真人怪罪太過濫情，不似智慧第一文殊。

　　但文喜禪師，慘遭掃地出門，本該就地席坐，好好思維一番，但此僧性篤，堪稱一執永不歇心，翻老帳翻到底，還在問「前三三後三三是多少？」（有關詳情請閱〈前後三三〉㈠公案），伴送之均提童子，平均而提之十六童子，莫非亦爲文殊師利法王子之化身？叫喚文喜，文喜即諾而應，童子反問：「是多少？」反答爲問，意在不言之中。蓋世間無限，僧數豈可勝數，說凡說聖，守戒失戒，總是戲論，前也三三，後也三三，唯中間無一人，《金剛經》說得好：滅度無量無數無邊衆生，實無衆生得滅度者。蓋本即無一人眞實不變的是凡是聖，因之分南分北，論山頭數人頭，豈不是陰天打孩子，唯閒著無聊也罷，還眞是死胡同硬鑽，見了棺材也不落淚。聖也三三，凡也三三，若論三三，無不三三，求眞三三，偏無一人。倒是臺山翁滿口荒唐，憑誰解辛酸淚語，鷓鴣啼處是江南，遍尋鷓鴣卻不見，祇緣身在此山中，不見廬山眞面目也。君且離了此三三，再與君道三三，若

得道三三，海枯石也爛。難怪童子妙答，三三之數，答在意先罷了。

　　日本的道元禪師到中國修禪，在船上遇到一位特地來買香菇的典座老禪師，道元欲留宿供養數日，順便請教，典座以明日寺內粥齋不能不管，且耄老的辦道，絕不容他人代替，而婉拒道元的好意。道元接問典座高年，為何不坐禪辦道，或參看古人話頭，領煩雜的典座差事來作，有啥好處？惹得典座呵呵大笑。後來，又相見，典座解釋：「學文字是要知道文字的真意，要辦道亦應該徹底了解辦道的意思，所以辦道時須與道打成一片，不得虛應故事，才是真的辦道。」道元再問：「甚麼是文字？」典座說：「一二三四五。」又問：「甚麼是辦道？」「遍界不曾藏。」（詳請參閱王進瑞教授譯著之《修教徒要學道修行的最正確方法》，慈心叢書，慈心佛江流通處）本層公案，文喜禪師也是一樣汲汲於問三三之數，沒有由文字的真意，融通辦道，與禪道打成一片，一直在知解上下支離的工夫，自是枉費祖孫二人的一番苦心了。

　　公案末了，臺山翁要將言語一筆勾去，用了個「化」字訣，翁寺無名，童以手指金剛背後，文喜回首，寺即隱化。非僅無此，一切皆化，童子、臺山翁、一番言語，剎時煙消雲散，文喜禪師，驀然回首，恍如南柯一夢，黃粱卻猶未熟。唯化則化矣，猶是悲心點化，正是：化人化語化寺廟，文喜何必太認真。去掉執心觀大千，積翠千峰倚半空。龍蛇凡聖混其中，人間何處不三三。

俗語說：千算萬算抵不過老天爺一算。現今社會，流行算命改運，紫微、八字、測字、卜卦，一路跟進，釋儒道三教一體同參，希望把自家命運，算得如同電子計算機一樣準確，改得同玉皇大帝一般好，豈不是如同文喜禪師一樣的執著嗎?! 民國賢者阮印長先生說得好：「命能使人窮。不能使窮者不奮志。能使人賤。不能使賤者不砥行。即能使人富矣。不能貸之修德。能使人貴矣。不能勉之慎操。豈非人不聽污隆於命。命實受損益於人。」朋友，您在社會上做人處事，要做個算得一清二楚毫不道義的計較人，還是做個奮志砥行，不計較命運的道義人?!

附錄

這宗公案，在《聖一法師禪七方便開示》一書也提到，聖一老法師曾親炙虛雲大師，書中所言，實實在在，句句腳跟著地，比起外界許多名師，毫不遜色。因他所引之公案頭尾很有看頭，也是本重公案所缺，因此，敬錄全文如下：

無著禪師又稱文喜禪師，是南方人，跑到北方五台山參文殊菩薩，他在金剛崛遇到文殊菩薩，文殊問他從何方來，他說從南方來，文殊說：「你從南方，可有帶來好的念佛珠？」文喜便從身上拿出念佛珠，文殊曰：「這不是你的。」「這是我的！」「若是你的，焉能從南方來，若是你的，亦可以從上方或下方來，不可以單從南方來。」文喜無言，文殊又問：「南方佛法如何？」「南方佛法，出家的多，持戒的少。」「南方一個叢林住多少出家人？」「五百或三百。」文喜反問曰：「北方佛法又如何？」「北方佛法，龍蛇混雜，凡聖交參。」「北方有多少出家人？」「前三三，後三三。」文喜不領會文殊說法的要旨，臨別時，文喜問：「末法眾生，業障深重，善根微薄，以甚麼法門能得見心性？」文殊說偈曰：「若人靜坐一須臾，勝造恒沙七寶塔，寶塔畢竟化為塵，一念靜心成正覺。」

四〇・塵塵三昧

　　雲門因僧問：「如何是塵塵三昧？」
　　師曰：「鉢裏飯，桶裏水。」

白話簡譯：

　　有僧人問雲門禪師：「怎樣纔是塵塵三昧，請禪師開
示？」
　　雲門禪師答：「塵塵三昧，就是鉢裏飯，桶裏水。」

　　塵塵點點遍太虛，迷心迷口只因欠缺三昧，如果在
滾滾紅塵裏頭，把得住心性，提得起正氣，時時刻刻，
不論行住坐臥，都心住塵塵三昧，那自然是飯來張口，
茶來伸手，天下太平，悠哉遊哉，快樂勝似神仙。但，
爲何雲門大師混充禪房掌廚，不拿山珍海味比方，偏偏
飯水伺候，令人食不甘旨，是啥道理？！
　　一鉢千家飯，粒粒皆圓。半桶山泉水，其味無窮。
雲門禪師硬是要得，直接出招，點明日用百物，鉅細靡

遺，無一不是塵塵，而亦無一不是三昧。君不見，粒粒粥飯，躺在缽內，如許安祥，如許妥貼，瑩白一片，映著冬暖陽光，萬道金茫，摻著透著和著，絲絲飯香，帶著親切，有著素樸，禪心點點，正是塵塵三昧。君不見，一桶薄水，卻是百川一味，四海皆同，暗藏活水源頭，利物應機不竭。止渴解旱，潔垢淨身，遇器成形，隨遇而安，遍處流行，從來一體，水天一色，正是塵塵點滴皆是三昧。

再者，缽裏飯，桶裏水，除表日用一切皆自然流露著塵塵三昧外，亦表仍需親流一番白汗，方得如實受用。蓋缽中之飯，盤中之殽，粒粒皆辛苦，不經幾許風吹日炙，兼加親自莊稼，收穫加工，難以有此缽中之飯。同理，桶中之水，或井或泉，不加疏導，緣引聚合，如何得水。聖凡之別，也祇在是否親證，口中說食，望梅止渴，皆是權宜之計，不堪考驗。必也脚脚踏實，步步履冰，才真捧得住缽中飯，飲得下桶中水。待水足飯飽之餘，通身八萬四千個毛孔，遍散蒸發，孔孔塵塵，皆是三昧流露。屆時，仙也不作，神也不當，懶松樹下伸腿臥，一睡十萬年。

且看，且看，缽裏飯，桶中水，各自安份，安守本位，默默貢力，毫不抱怨。缽裏桶裏，善巧藏身，有亦不顯，無則示空，大用不彰，昧昧含德，絕不招搖。莫怪乎雲門禪師以之比擬塵塵三昧，若得其中關竅，終身獲益不盡。

人生在世，頗想不開，出則想高級轎車，住則思豪華麗屋，縱情恣慾，五光十色，得之也苦，不得也苦，不迷自迷，難以自安。完全不思安份，頗難以每分每秒，地地道道，腳踏實地的活著。禪道，一言以蔽之，本份人參本份事罷了。禪道中的塵塵三昧，既不是政治神話，也不是階級意識下的產物，而是人人本具，普遍存在於山河大地、世間萬象之中。愈是本份人，愈是平常事物，就愈容易與之把臂而行，融而為一。雲門大師以最簡單的物事，存活世上最基本的物事——米、水，來闡明平易、親切、安定、無怨的塵塵三昧，頗具大匠巧心，令人佩服。

飯散水聚，散者顆粒完滿，聚者通體一如。塵塵三昧，亦當如是，散則現於萬物，而靈性絲毫不減。聚則首尾一體，而昧德點滴未增，不增不減，可散可聚，大千世界，無所不在，無所不包，僧人有幸，遇著雲門禪師，說出六字真訣，雲門不幸，逢著個破鉢爛桶僧，承當不住，想必沒有領會雲門一番苦心，每日裏，大約仍是大鉢吃飯，大口飲水，過得無憂無慮，好不快活。倒教雲門羨慕不已?!

渴飲飢食，不假思索，人之天性。禪師直講，就當直釋，既有鉢中飯、桶中水，就該大口吃飯，小口就水，塵塵三昧自在其中，你老哥也不是開政見發表會，長篇大論，語不驚人死不休，屆時卻跳票連連，何來塵塵三昧?!

朋友，置身鬧市，噪音不絕，污染第一，每日烏煙
瘴氣，塵裏來，塵裏去，您能「三昧」一番嗎？

四一·死心無隱

黃庭堅往依晦堂心禪師，乞指徑捷處，堂曰：「祇如仲尼道：『二、三子以我爲隱乎？吾無隱乎爾者！』太史居常如何理論？」庭堅擬對，堂曰：「不是！不是！」庭堅迷悶不已。一日侍晦堂行次，時巖桂盛放，堂曰：「聞木樨花香麼？」庭堅曰：「聞。」堂曰：「吾無隱乎爾！」庭堅釋然，即拜之。曰：「和尚得恁麼老婆心切！」堂笑曰：「祇要公到家耳。」

久之，謁死心新禪師，隨眾入堂，心見，張目問曰：「新長老死，學士死，燒作兩堆灰——向甚麼處相見？」庭堅無語，心揮之曰：「晦堂處參得底，使未著在！」

後謫居黔南，道力愈勝，於無思念中，頓明死心所問。報以書曰：「往年嘗蒙苦苦提撕，長如醉夢，依稀在光影中，蓋疑情不盡，命根不斷。故望崖而退耳。謫官在黔南道中，晝臥覺來，忽爾廓然！尋思被天下老和尚謾了多少，唯有死心道人不肯，

乃是第一相爲也——不勝萬幸。」

白話簡譯：

宋朝的大書法家黃庭堅，前往歸依晦堂心禪師，乞求禪師指示出修禪開悟的捷速之道。晦堂心禪師淡淡的說：「其實禪道的眞髓就像是孔老夫子所說：『你們這些學生以爲我有心法而隱藏起來不傳授？其實，我沒有對你們有任何隱瞞的事！』那麼請教您平常如何來體驗孔老夫子這句話的?」黃庭堅想要回答，偏偏禪師一個勁兒的說：「不是！不是!」如此令黃庭堅感到迷惑不已。有一天，陪著禪師散步，正當山壁間桂花盛開時節，禪師說：「你聞到木樨花散放出來的香氣嗎?」黃庭堅說：「有聞到。」禪師又說：「我沒有任何隱密不宣的事啊!」黃庭堅這纔恍然大悟，當下禮拜。感激的說：「師父您眞是像老太太一樣的好心腸，巴望著學生開悟啊!」禪師也笑應：「我祇是要閣下到自己家園（徹悟）罷了。」

黃庭堅初悟之後，以爲已經大悟。但久而久之，又碰到了死心新禪師，庭堅隨著徒衆入堂參拜，禪師一見，就張大眼睛問他：「新長老死掉，學士（指黃庭堅）也死掉，燒成兩堆灰之後——請問向甚麼地方相見?」庭堅聽了默然無語。禪師以手揮他警誡他說：「你在晦堂禪師參悟的功底，要讓它不執滯才是啊!」

後來，黃庭堅被謫居黔南，禪修道力愈來愈精純，

在無思無念的當際，刹時明白了死心禪師問題的禪機。特地修書報告：「以前曾經承您苦苦的提撕教誨，但仍然長久如同在醉夢之中，也依稀在光影中見到真理，總是未能真正徹悟，這是由於懷疑的情識還沒有瀉盡，生死煩惱的根本沒法子斬除的緣故。也因此等於到了懸崖上就沒有勇氣撒手一躍，反而退了回去一樣。我現居黔南，中午一覺醒來，卻忽然覺得廓然無聖，盡是大道。才想到往昔被天下老禪師哄騙多多，只有你死心師父不肯罷手，真是真正最佳的指導老師啊——感激不盡！」

晦堂心禪師，自比孔聖人，也說：「二、三子以我為隱乎？吾無隱乎爾者！」但，《論語》中明明言及夫子之道彌高彌深，觀之在前，忽焉在後，連七十二賢人都根本沒法具體掌握，如此一來，豈不無隱等隱，晦堂空揭心扒肚，攤在陽光下，猶然令人不解。大書法家黃庭堅聽罷，馬上腦筋急轉彎，來個機智問答，不料，正要啟口之際，卻遭晦堂禪師一氣拒絕，連道：「不是！不是！」蓋至道不由人，動心即乖，擬念即差，說似一物即不中矣！不拘山谷居士（黃庭堅自號）心中有多大丘壑，依舊是「不是！」不是！就是不是！

記得金庸先生武俠小說《倚天屠龍記》中，張無忌巧遇明教重要幹部布袋和尚，張少俠溫文儒雅，禮數周到，當下請問布袋和尚武林前輩尊姓大名，布袋和尚搖頭晃腦之際連說數次：「布袋和尚說不得。」張無忌以為

說不得，遂而罷問。誰知布袋和尚真得叫作「說不得」，字同義不同，險險搞個大飛機。唯亦同時說明語言文字皆有侷限，萬難表示至高之真理，本來即是說不得。維摩詰居士在《淨名經》裏，以泰然沈默的身體語言，來回答文殊菩薩再三追問「何謂不二」的對口，由於表演技巧已臻化境，令文殊無隙遞出智慧寶劍，唯有拱手稱嘆，來個棋逢敵手，平分秋色。

這重公案，晦堂心禪師自己不身體語言，卻順手一指、搖身一變，變成了一株株的木樨花，漫放著淡香氣，再問：「聞木樨花香麼」，山谷居士曰：「聞」，至此，發著無形香氣的晦堂心樹又說：「吾無隱乎爾!」如是如是，至道真理，但在自然，不必強求，晦堂禪師巧妙的借了鼻子嗅覺之本性，一言提醒夢中人，反照己心，剎時領會此遍空香氣，無心而嗅之理，即是那說不得、道不盡的真理。晦堂之說：「吾無隱乎爾!」也表示心體本來寂然不動，無形無色之香氣卻彌布大空，處處香氣，處處真理。道家大師張紫陽〈悟真篇〉所敍「冥然不動，感而遂通」的境界，倒可參互。

但，這案公案，一迴三折，初折，山谷居士釋然之餘，頗感晦堂禪師宛如老太婆般的爛好心腸，心感心感！晦堂笑應：「祇要公（庭堅）到家耳。」初折僅是到家，焉得真悟?！須得家破人亡，再一把狠火把磚、瓦、木、泥及閒傢俱，尤其是黃大書法家心愛的筆墨紙硯，一股腦兒的燒爐，再把灰扔到外太空，來個魂飛魄散，再也

無處安身，借屍還魂矣！

因之，死心禪師卻是眞正悲心，拉把山谷，張目而問：「新長老死，學士死，燒作兩堆灰——向甚麼處相見？」佛教中觀鉅著《中論》裏說得好：「此生故彼生，此滅故彼滅，緣生一切法，我說即是空。」長老、學士相對而談，互緣暫存，世間萬事萬物，皆是暫存無恒，又何獨長老、學士，經歸兩堆火燼，返歸寂然大空，若問向甚麼相見，待死灰復燃，亦是說不得。山谷居士無語，卻是依舊有個自以爲已然空寂之心，難怪死心禪師拂然不悅，明言你老哥在晦堂禪師那點兒領悟，要令它沒有執著啊！二折，山谷灰燼，猶存餘溫，非徹底冰寒，怎讓梅開眼笑？！

三折表示山谷居士眞正悟道，必須眞正死心，才能活性，道家全眞教馬丹陽祖師云：心死則神活，亦是此理。要修至騰騰和和、和和騰騰，說不得須眞說不得，道不盡須實道不盡。禪門修鍊，忌被人謾，更忌自欺，自以爲悟徹睥睨天下，其實卻正是疑情不盡，命根不斷，臨登懸崖不撒手，豈不與在平地徐行無異。山谷命大，高臥黔南，一夢覺來，作白日夢作出了名堂，忽爾廓然了悟無思無念之關竅。正是隱即不隱，不隱即隱，滿樹樨花香，遍聞無一人。

山谷開悟，花香遍野，晦堂死心，居功厥偉。倚天劍與屠龍刀，擇對人斬，才能一刀兩斷，痛快淋漓。山谷曲折，那有捷徑，心死不執，方足論道。宋明理學，講求反身而誠，萬物皆備於我，沖和之氣，盈於背表，

宛如春風，令人神往。春風風花香，死心心方悟，信哉！

朋友，三思而行，謀定後動，尤戒自以爲是，處處虛心，才眞是承敎本懷，您說是嗎?!

四二・獨超物外

馬祖因百丈、南泉、西堂隨侍翫月，師乃問：「正
與麼時如何？」

堂曰：「正好供養。」

丈曰：「正好修行。」

泉拂袖便行。

師曰：「經入藏，禪歸海，唯有普願，獨超物外。」

白話簡譯：

馬祖大師有一次，由三位高徒百丈、南泉及西堂隨
侍在旁，輕鬆自在的賞月聊天。馬祖見到一輪明月，普
洗大地，就順口問：「此時此地此景，諸位認爲最該作什
麼（才合乎禪者修禪之道）？」

西堂答：「正好供養（我的自性佛）啊。」

百丈答：「（非也，非也，眞正的修行是不修而修的，
還有供養心，即非眞修行。）我倒認爲此時此地此景，該
考慮放手去（『眞正』）修行。」

南泉聽罷，一言不發拂袖而去。

馬祖聽完三位高徒的高見後，緩緩的品評：「凡是經教之說，自就匯歸到藏經之林，而相得益彰。凡屬禪道修鍊者，則如入點滴之水，回歸到大海，融通無礙。(你們二位所言，總還有跡可循)；但卻唯有普願，卻如天馬行空、神龍矯空般的獨步宇內超脫於萬化之外。」

禪者處處見禪，口口論道。每日裏參話頭搞禪七，忙得強強滾。好不容易，拋卻晚課，偷得浮生半夜閒。師徒一夥，落得輕鬆自在，共賞一輪明月，當時若有卡拉OK，大約也要對月高歌一曲<月亮>助興。不料，好景不常，被讚為踏殺天下的馬祖大師，硬是像seven-eleven式題庫，二十四小時考題侍候。衆家子弟，才正賞心悅目，正是長安一片月，萬戶搗衣聲，舉頭望明月，低頭悔出家之際。卻讓馬大師攪局一問，搞得皓月無光，星斗全掩，風景大煞，興趣全無，還得充資優生，不加思索，隨口秀出一番禪宗大道理。禪宗裏頭，大禪師之跟班難幹，弟子亦難為，蓋拳打棒喝之餘，還得隨時待命，機智問答一番，於此可見一斑。

西堂答：「正好供養。」適時心如皎月，純一圓白，有如一己之慈悲心腸，以之供養十方三世諸佛、菩薩，豈不是最上供養，最佳修禪之道。西堂見景情生，反觀內心之自性佛，自供自受，是真供養。三藏十二部，亦如是云，錯不了。我西堂理論及實踐，都是一等一的「讚」，

馬老頭應當挑不出甚麼毛病，若有，大約也是毛有病，小case，不必在乎。民國初期的大禪師來果和尚，常常自道一瓣心香，非戒非定非慧即戒即定即慧，彌布三界，遍供十方、兩院長老、闔郡護法等，倒可與西堂和尚的理行（詳請參考《來果禪師語錄》），作一番參會。

　　百丈和尚，靈光獨耀，迥脫根塵。聽了西堂大放厥辭，不禁啞然。蓋心性原本無染，本自圓成，但離妄緣，即如如佛，何必勞民傷財，故弄玄虛，與甚麼供養。既有供者，自有供物，更有受者，雖然西堂和尚，心若明月，明白《金剛經》上所云三輪體空（供者、受者、供物皆是空性本體，不執著於供養）之義，但既云供養，已落後天。禪門有云：「好事不如無」即是此理。而我百丈小僧，見地與你西堂卻是小小有別，雖云小別，卻是差之毫厘，謬以千里。我百丈答以「正好修行。」此時、此地、此景，正好修行，唯此修行，卻是不修而修，恰如一輪不污染之淨白月，含光四布，即便普攝萬物，仍是自然而為，不假作做，本自圓成，即此不污染、本自圓成，方是真禪家之修行。我百丈小僧，實在超出你西堂百丈以外，一輪獨掛，唯我與馬大祖獨立月尖矣！

　　普願南泉王老師，聽完兩位之臭蓋，拂袖轉身速速而去。正是月逢知己堪共賞，話不投機半句多。一位倡供養，一位言修行，卻是半斤八兩，一對難兄難弟，上不得檯盤，我普願若再加入對口，豈不雞同鴨講，秀才

遇兵，不死也脫層皮。當下主意打定，一語不發，拂袖便去。蓋至道無言，修行尤須腳踏實地。南泉、百丈二人，皆犯了說而不練之弊，落得口頭禪之譏，另則二人所言，皆是應馬祖要求，因舉頭見月，觸目成情，有感而發，既是應請，復且感而發之，即是落於有感有發境界，於此境界再說得天花亂墜，亦不是先天無感無發、本來如是之普月一如的境界。復次，難不成供養與修行，硬要分作二事來看，供養即不是修行？修行即不包含供養？二人二心，皆是兩元化思想當家，教我南泉繼續與之共賞明月，卻怕污了自家古佛心月。三十六計，唯有走為上策，正是馬祖巧借賞月試三徒，唯有明月知我南泉心。

南泉遁去，一場賞月有獎猜謎大會就此壽終正寢，南泉最是高明，洗耳不聽勝負音，獨臥明月觀靜松。那二位，旁候開獎，一位得了「經入藏」的評語，喻其中規中矩，像套《大藏經》，有文有義的，挺不差的。另一位得了「禪歸海」的封誥，百丈神龍，有出格的見地，合該悠遊禪海，起伏百丈矣。唯南泉普願，「獨超物外」，超出了禪、教的侷限，真正的高高山頂獨立，出禪入藏，毫無礙滯，超脫了經驗世界上的萬事萬物。馬祖不愧是一代宗師，識人更識貨，論見地南泉如同馬大師的兩足，形同一體，不可或缺。西堂、百丈卻如大師的手杖，有時，三足鼎立，有時卻孤柺難行矣！但，無論如何，這場公案，都是一月所映，祇不過有海月、江月、井月之

別罷了。

在西藏佛教密宗裏頭，供養是修行程序中重要的一環，除了把顯教法供養、普賢供養的理論巧妙攝入外，還講求著外、內、密及秘密供養。外供養最簡單的是水、水、花、香、燈、塗、食、樂八種供養。內供養，一般言之，為身語意三密合一，以慈悲心，大興普賢供養雲供。密供養者，世間一切，本來圓滿，我此真心本來與十方三世諸佛同一，無我亦無人，明空不二自供養。秘密供養，即是用至高的真如智慧與方便圓融不二、悲智雙融的真如大供，於一毫毛尖上，剎時圓滿供養十方諸佛，成就一切佛事，這種密供養的理論基礎與南泉、馬祖有得談頭。其實，禪宗大師許多見性的話，與密宗大圓滿、大手印的道理幾乎是一而二、二而一的。

這重公案，有謂南泉佔了最後說的便宜。蓋就像選舉政見辯論一樣，先說的先天上吃點兒虧，後說的估前顧後的，護盤穩當。有謂西堂、百丈、普願，其實三足鼎立，無分軒輊，蓋三人皆是由本來圓滿、淨如滿月的心體來論道。有謂馬祖既是堂堂老師，為何不也發表一下壓眾的高見，不可儘作評論家。其實明月無辜，惹出這宗公案。禪門裏頭，更是加油添醋，攀纏這一公案，直要語不驚人死不休，唯儘管如斯，秦時明月依舊在，不增不減笑人間。

孔老夫子曾要眾弟子各言其志，最後頗為讚許曾子的淡泊思想。朋友，不拘您想獨善其身，還是兼善天下，

都不要空口泛言，要及時立定腳跟，趕緊去作才是。朋
友，您說是嗎?!

四三·紅塵深山

明州雲外天童雲岫禪師上堂:「鬧市紅塵裏有鬧市紅塵裏佛法，深山巖谷中有深山巖谷中佛法。山僧昨日出城門，鬧市紅塵裏佛法一時忘卻也。歸到二十里松雲，便見深山巖谷佛法。大眾，且道:如何是深山巖谷中佛法？白雲淡佇，出沒太虛之中；青蘿彙，直上寒松之頂!」

白話簡譯:

　　明州雲外天童雲岫禪師有一天上禪堂開示:「處在鬧市紅塵花花世界裏面有花花世界萬丈紅塵的佛法。而在深山巖谷之中倒也有著山靜谷深超出塵世的佛法。我昨天由鬧市裏走出城門，卻是一時之間，把鬧市紅塵裏的佛法都忘到九霄雲外。等到走回到山裏，二十里路後，見到松雲靉靉的山景，又見到深山巖谷的佛法。你們大家，能不能說一說:『怎麼才是深山巖谷曲徑幽懷的佛法呢?』白雲輕輕的停著；出沒在大虛空之間，那青蘿彙聚，

一直攀附到寒勁松樹之上哩。」

「大隱於市，小隱於山。」道家修鍊人常掛嘴邊，禪門紫柏大師也說過：「上山祝髮易，與世浮沈難」「斷髮如斷頭，豈有斷頭之人，怕人疑忌耶？」頗言修行貴心，逆境或許更可激起向上心志。因之，十丈軟紅塵，銷身銷骨不銷心，愈處污泥，蓮花愈現，也未可知。身處世間大染缸、八風併吹，能風骨卓然，才真算是修行人、大丈夫。聖一老法師在其《禪七方便開示》書中追憶復仁和尚：「……有時大眾來聚會，全（香）港的大德高僧聚在一起，我（聖一）以旁觀者來觀他們，所有的出家人都被風吹動了，只有他如如不動，他的形像好像未曾到法會一樣，如像還在坐禪一樣，如如不動。」（詳請參閱聖一老法師開示全書）如此德行功力，那還有鬧市紅塵、深山巖谷的分別，硬把一體的佛法，當兩檻子擺。

但，本件公案裏頭，雲岫禪師真的那麼荼？硬是以二分法來理解至高無二之禪理？認應分紅塵與深山二種佛法。其實，不然，不然。離開了世間的森羅萬相、滾滾紅塵，要覓佛法，恐怕是像烏龜生毛髮一樣的不可能了。老禪師自然知道這層道理，了達了真正的佛法是普皆平等，到處隨順而安的，修行人怎可專揀便宜，儘找山明水秀的地方厮混。應當是像《中庸》所說：「素富貴，行乎富貴；素貧賤，行乎貧賤；素夷狄，行乎夷狄；素患難，行乎患難。」那樣，無入而不自得，處處保持住禪

家的本色，終日泰然，望之儼然，即之則覺春風化雨，普攝群生才是。

因之，雲岫禪師有此體驗，自不至妄分佛法爲二。但，事有本末先後，入鄉該隨俗。身既處鬧市紅塵，自當順應滾滾紅塵銷魂巨浪，卻把定方向，三昧塵塵，塵塵三昧，水裏火裏，履之如夷，毫不動念，本體絲毫不易。這，即是禪師所稱之鬧市紅塵裏佛法。反之，身處幽谷，則自當與大自然同一契機，反歸太樸，物我一如，明月印心寒徹骨，萬籟無聲聽松吟，正是歸根復命，涵育中和的大好時光。這，即是禪師所稱深山巖谷中的佛法。雖然權分爲二，實則本體迥然不變，祇不過動中寓靜，靜中寓動，究之，則動靜本來一體。從前香山無聞聰禪師被淮上敬兄開示其定中功夫不失，動處便失，便是動靜不能一體之故，若唯有深山幽居可定心，則一入紅塵，定力全失，要此修行何益？又如何救得紅塵衆生，至多祇作了一個吟松攬月的自了漢罷了。

要之，身處紅塵鬧市，胸中自有丘壑，騰騰任運，污染不得。身倚枯松，好一處深山巖谷，卻當任運騰騰，莫往死寂裏住，儘當活潑潑的，宛如藍天，普覆大地。雲岫禪師的本懷，也在於此。禪師甫出城門，便將鬧市紅塵裏佛法一時忘卻，表示具備大捨之心，梁園雖好，不是久戀之地，出家人斷髮如斷頭，還有甚麼割捨不下，本來在幻化城市，但爲普渡衆生，未免逢緣作戲，如今幻城幻人幻戲，一時皆散，我老禪師早早忘卻來時路，

默默且行悄然機。好個雲岫老師父，收放一如，晏晏然經行，早已收斂如一，心體一如，攝心歸到二十里松雲，胸中自然流露出深山巖谷，一片青山翠谷，卻好住個逍遙野山僧。

且問，老禪師胸中深山巖谷是片甚麼佛法？也不奇，也不妙，淡淡白雲佇太虛，一遍青蘿上寒松。紅塵也罷，深山也罷，皆在太虛中顯現，恰似我醉君復樂，陶然共忘機。忘了世間、出世間，再將這個忘字丟到九霄雲外，用核彈將之炸個粉碎，大約才夠格談論紅塵、深山之佛法。

朋友，動中求靜，靜中求動，動靜一如，聽夠了的爛話，要怎樣才可以做到？您有沒有好好想過？

現代佛學叢書㈠

現代佛學叢書㈡